富小孩
与
穷小孩

郝旭烈 著

中国青年出版社
CHINA YOUTH PRESS

图书在版编目（CIP）数据

富小孩与穷小孩 / 郝旭烈著.
—北京：中国青年出版社，2023.4
ISBN 978-7-5153-6915-0

Ⅰ.①富… Ⅱ.①郝… Ⅲ.①私人投资 – 青少年读物 Ⅳ.①F830.59-49

中国版本图书馆 CIP 数据核字（2023）第001515号

富小孩与穷小孩

作　　者：郝旭烈
策划编辑：宋希晔
责任编辑：于明丽
美术编辑：杜雨萃
出　　版：中国青年出版社
发　　行：北京中青文文化传媒有限公司
电　　话：010-65511272 / 65516873
公司网址：www.cyb.com.cn
购书网址：zqwts.tmall.com
印　　刷：大厂回族自治县益利印刷有限公司
版　　次：2023年4月第1版
印　　次：2023年4月第1次印刷
开　　本：880×1230　1 / 32
字　　数：60千字
印　　张：7
京权图字：01-2022-2268
书　　号：ISBN 978-7-5153-6915-0
定　　价：59.90元

Contents 目录

推荐序

我的小猪存钱罐装的不只是梦想 / 王彦嵓　　　007

教会孩子累积财富的能力 / 朱楚文　　　008

适合青少年阅读，更适合作为进一步研究财经
与消费的桥梁书 / 何元亨　　　010

这本《富小孩与穷小孩》颠覆我的想象 / 林晋如　　　012

理财不难，观念才是核心 / 胡语姗　　　016

与课纲精神贴合，能引领思考 / 陈香吟　　　018

从小深埋一个观念，
种出健实的理财之树 / 张敏敏　　　019

一本把钱变得有趣而不俗气的魔法书 / 许皓宜　　　021

每天的生活都是孩子真实的理财课：善用日常中每个
"花钱"的机会，教孩子正确的金钱观！ / 杨倩琳　　　023

自　序

富小孩与穷小孩　　　025

 上篇 # 学习经济运作本质

1 分工，社会构成核心价值
这杯咖啡经过多少人的手？   031

2 市场，通过买卖满足需求
看不见的手   039

3 需求，让人买单才是重点
是谁决定东西的价格？   047

4 比较，了解价格差异原因
哪些因素影响了价格？   055

5 选择，同时思考有形无形
选择之前，你比较过了吗？   065

6 交换，一切经济运作的方式
钱不是我们的目的？   073

7 替代，生活质量解决方案
这瓶20元的饮料，你会买吗？   081

8 换算，国际视野财务思维
美元升值还是贬值，对我们来说有何不同？   089

中篇 理解致富方法工具

9 存钱，主要目的关注未来
为什么人应该要存钱？ 097

10 想要，未必都是真正需要
你想要的东西多不多？ 105

11 匹配，消费确实物有所值
东西越便宜越好吗？ 113

12 成本，获得东西所付代价
爸妈跟清洁人员比，谁来打扫最划算？ 121

13 税收，到底是什么？
我赚的钱不全是我的？ 129

14 有钱，不只赚钱更要存钱
很会赚钱就会很有钱吗？ 137

15 存钱，不只决心更要方法
存钱不是靠意志力？ 145

下篇 洞察正确财务思维

16 资产，穷人陷阱富人法宝
车子到底是资产还是负债?　　　153

17 使用，未必拥有用到才买
打车好还是买车好?　　　161

18 借钱，也有可能变成好事
绝对不可以跟人家借钱?　　　171

19 记录，知其然知其所以然
钱从哪里来? 往哪里去?　　　179

20 行动，累积财富芝麻开门
为了钱，动起来!　　　189

21 职业，与时俱进动态调整
你以后想做什么工作?　　　197

22 学习，持续不断日积月累
找到适合自己的学习方式　　　205

23 愿意，打开生命无限可能
财富会随着开心和幸福而来　　　215

推荐序
我的小猪存钱罐装的不只是梦想

不用怀疑，这是一本最接地气的小孩"致富"书！

当世界各地的教育改革声浪风起云涌，跨域学习成为主流、素养实践成为关键时，理财教育也跳出传统课本的框架，成为当代公民绝对重要的素养。

过去的观念或许只有"点滴存入小猪存钱罐"的缓慢累积，现在却需要有更积极的理解。在这本书中，旭凯老师给现代孩子提供了绝妙的理财论证教育！从了解世界的运行作为起点，思辨"想要与需要"之间的差异，到理解致富的原理，养成正确的财务思维。

一步一步，以真实情境里平等的师生对话，由浅而深探究讨论，最后有如发现桃花源般的开朗舒畅。原来，看似难懂的理财教育如此引人入胜。

到这里，小猪存钱罐里装的除了硬币，还有更丰厚的梦想——可能，也不只是梦想而已哦！

王彦嵓

高雄市左营区新上国小校长

教会孩子累积财富的能力

"给孩子鱼吃，不如教孩子钓鱼"，身为两个孩子的母亲，我一直深信，与其努力留下大笔财富给孩子，不如教会孩子累积财富的能力，否则财富如浮云，没有正确的观念，再多的数字也只是纸上富贵。

不过话说得简单，到底要如何教孩子呢？况且，即便是成人，不少对于财富概念仍一知半解，更别提所谓经济学原理，我自己都是在大学商学院课堂上才学习到，要如何从小教会孩子这些概念？

郝旭烈老师具有非常丰富的财务管理经验，曾任全球知名科技厂的财务高级主管，更难得的是，他非常擅于化繁为简，把难懂的概念用一句简单轻松的话，说得通透易懂又有趣。艰深的财务与经济学原理，在他的口中就是我们吃喝拉撒睡的平凡日常，每每都从他的分享中会心一笑，突然感受到原来财务这么简单！

（我真希望大学读商科时就是郝哥教课啊！）

这本书以非常轻松活泼的方式，由郝哥的化身——旭凯老师以问答方式，教小朋友财务观念，包括介绍市场经济那只看不见的手、美元升值或贬值对我们有什么影响、为何要存钱，这些小朋友或投资小白常有的困惑，都在书中以非常简单的方式解释清楚，看完之后有一种豁然开朗的感觉，也深深感受到郝哥对于两位女儿的爱，想必这些问题，应该也是女儿会问爸爸的吧！

身为一位爱女儿的父亲，外加具备丰富的财务管理知识，以及风趣幽默又擅于解说的好口才、好文笔，郝哥这本书的诞生，是读者的福气，期盼我们都能通过郝哥的分享，掌握经济学与财务的奥秘，一起带领子女走向富裕人生！

朱楚文

财经主播/主持人

适合青少年阅读，更适合作为进一步研究财经与消费的桥梁书

本书共分三篇：学习经济运作本质、理解致富方法工具、洞察正确财务思维。看起来生硬艰涩，读起来却浅显易懂！因为本书作者文字铺排模拟学校上课情景：有亲密的师生互动，有精彩的师生对话，还有头脑风暴的学生讨论。

三个篇章各包含7—8个单元，在单元开头揭示"学习重点"，并举生活中的实例为内文开头，搭配提问、重点提示及解说流程图，更能让读者在图文间转换思绪，精准理解文义。在单元后设计的"思考时间"，也相当符合揭示教学目标、引起动机、发展活动及综合活动等教学流程。

本书阐述经济、投资及理财等相关抽象的概念，但以具体的生活实例，让读者很快能读懂作者所要表达的意思。在"学习经济运作本质"篇章，说明商品的生产过程与成本、商品价格的设定与影响价格的因素、市场交换的商品与服务、外汇汇率的价差等概念。在"理解致富方法工具"篇章，说明存款的目的与投资的理由、消费选择与价值判定、价格与成本的关系等概念。在"洞察正确财务思维"篇章，说明资产与负债的本

质、商品价格由需求决定、开源节流与投资理财的关系等概念。

这是一本探讨财经、消费教育的书，非常适合青少年阅读，更适合作为进一步研究财经、消费的桥梁书。

何元亨

新北市芦洲区鹭江国民小学校长

这本《富小孩与穷小孩》颠覆我的想象

2014年底，听见班上孩子说："我不想读书，以后找工作就好了。"

一语惊醒梦中人！

原来，孩子上课放空、懒得听课、放弃学习，每天到校就是"等下课、等吃饭、等放学"，当个"三等学生"是有原因的。

多数孩子觉得耗在学校是浪费生命，想跳过求学阶段，直接"找工作赚钱"。

但是……

工作，有这么好找吗？

钱财，有这么好赚吗？

财富，有这么容易累积吗？

我开始设计"未来想过的生活"学习单，让孩子亲身体验"货真价实"的世界。

在完成看网站找工作、撰写简历、买房买车、生养小孩，算出一个月的基本开销等6张学习单后，孩子惊见自己"开名车、住豪宅"的生活，竟然需要二三十万元的月基本开销（还有孩子一个月需要280万元才能生活）。

全班除了破产，改当丁克族，放弃买房，选择与父母同住，每位孩子还背负了20至30年的房贷或车贷，甚至不少孩子未来要找有钱的伴侣，以解决庞大的财务开销。

孩子全吓傻，月薪两三万，根本无法过上自己"未来想过的生活"。

这份被媒体称为"神作业"的学习单，造成网络数百万疯狂转帖，新闻台接连采访，轰动两岸三地，更为孩子带来强烈的震撼教育：

"为什么我的薪水这么低？"

"要怎么样才能找到高薪工作？"

"要怎么样才能存到很多钱？"

"从现在开始努力，还来不来得及？"

"原来理财知识这么重要？课本怎么都没教？"

从小到大，我们从学校里学到非常多的知识，却没人告诉我们，未来想过的生活，取决于我们的"谋生能力"，也就是"赚钱和累积财富"的能力，这重要的能力决定我们"未来的生活质量"。

既然"赚钱和累积财富"的能力如此重要，甚至可说是生死攸关，我们怎么没有从小就对孩子进行"财商教育"？

怎么没有从小就让孩子"吃米知道米价"？怎么没有从小就让孩子"学习经济运作"？

这些财商知识，难道等长大了自然就会了？

万一，家长没有良好的财商知识，无法以身作则，无法成为孩子的榜样，孩子会不会因为"内隐的学习"，跟着复制错误的财务思维，造成遗憾的人生？

一般的财商书，生硬难懂，要不就是千篇一律。看到郝旭烈这本《富小孩与穷小孩》，如获至宝，这正是教养孩子财商思维最好的入门手册。

本书分上、中、下三篇，由浅入深，逐步拆解财商知识，给出最关键正确与务实的策略，让孩子学习经济运作的本质、理解致富方法工具、洞察正确财务思维。

财商知识很容易流为说教，但这本《富小孩与穷小孩》颠覆我的想象。

我特别喜欢作者将每个重要概念模拟成教室情境，由书中灵魂人物旭凯老师以引导的方式与孩子对话，启发孩子有层次的思考，激发孩子学习意愿，让孩子逐步找到解决问题的最佳办法。

这样的课堂互动方式，绝对会是孩子最熟悉，也最能吸引读者的设计。

现在的孩子，长大的志愿几乎都是当网络主播，想从网络发迹，但是，拍片就会成为百万网红吗？郝旭烈告诉你"让人买单才是重点"，"要有与时俱进的能力，才能跟上职业演化"，未来很多工作都将会被机器或人工智能取代，你能否有资格匹配一直不断演化更新的职业？

书里有很多让人眼前一亮的财商知识，让我在看到书稿时，就忍不住要和班上的孩子分享。

过去只求把书读好，理财知识长大后再学的教养方式已经不合时宜了。唯有改变观念，才有机会改变孩子的命运。

如何给孩子正确的财商引导，是《富小孩与穷小孩》这本书最大的目的。为了让孩子变得更优秀，大人小孩不但要读，更要身体力行。

林晋如

教育阅读推荐官/高雄市阅读薪传典范教师

理财不难，观念才是核心

这个年代，有时候选择比努力重要；眼光比能力重要；突破比苦干重要；改变比勤奋重要；态度比专业重要！理财思维好比人生哲学，要通透实在太难，超级感恩郝哥倾囊相授、愿意再度出书！这本书不仅是郝家亲子时光的温馨记录，也是引导孩子将来走向幸福的重要宝典！

我在情商领域钻研很久，但对财商领域实在不太行……

所谓经济运作的本质不是买卖吗？（错！）

决定商品价格的不是老板吗？（错！）

美元涨跌跟我无关吧？（错！）

活在当下有钱就要花啊？（错！）

便宜的特卖当然抢购嘛！（错！）

我赚的钱当然是我的啊！（错！）

存钱不靠意志力不然是靠什么？（错！）

天啊！翻着书都抖了起来，我来写推荐序实在太合理了！因为读完之后，茅塞顿开、通体舒畅！理财不难，观念才是核心；教育不难，愿意才是关键，现在"开始"，就有机会成为更好的自己！

世上没有用心做不到的事，只有不肯用心做的人！没有父母不期待孩子比自己更富有、更成功的，而且我们都知道，给他鱼吃不如让他会钓鱼，但要钓得久、钓得好，更需要懂商道、学方法。郝哥的"财富攻略"，不用上山下海求发财金，也不必苦修苦练各种操盘术。所有的运筹帷幄，都在这上、中、下三个篇章。然后你就会知道，郝哥不是要解决大家穷养或富养小孩的问题，而是教给大家让人生更圆满的"财务幸福学"。

胡语姗

台北市家长协会理事长

与课纲精神贴合，能引领思考

　　本书内容与社会课内容及课纲精神贴合，能引领思考，推荐中高年级使用。中年级可配合"需要与想要"的探究活动；高年级可配合"价格与价值"的市场机制讨论。

陈香吟

新北市光华国小教师

从小深埋一个观念，
种出健实的理财之树

你从什么时候开始理财？我记得我22岁的第一张信用卡是为了拿一个行李箱赠品；我记得我38岁买第一套房子是迫于房东要卖房子的无奈。如今，我的一双儿女，从高中我就开始每月固定给零用钱，但根本没有扎实理财根基的我，羞于和他们谈理财，我甚至都不知从何开始。

郝哥这本《富小孩与穷小孩》，从亲子共同阅读的角度出发，透过小孩的眼，化繁为简，将理财的概念用生活中的例子说明，以此解释"直接成本"与"间接成本"的不同；并用全世界分工的概念，用亚当·斯密的核心观念——"来自那看不见的手"，简要地说明自由经济的市场概念；也说明"成本"与"价格"的脱钩，是因为企业运用策略，以差异化展现"价值"而呈现的市场结果。

郝哥的《富小孩与穷小孩》，每个章节之后，还罗列了几个在生活中可以反思或是实践的理财课题。这样的设计，让读者不只与作者对话，更可在日常中建构出自己的理财哲学，进而掌握一套理财之学。

高深的学问，最难的就是简单说，让人简单学。《富小孩与穷小孩》一书，以贴近生活的例子（例如：买咖啡），拆解出理财和经济学的简单概念，让这个深奥的学问得以被理解，得以被实践。

张敏敏

JW 智纬管理顾问公司总经理

一本把钱变得有趣而不俗气的魔法书

从事咨询工作多年，我看见许多成年人面对"钱"的态度总是又爱又恨：因为爱所以努力工作、渴望争取，却又因为摆脱不了工作生活烦忧而埋怨。

有些人对钱十分抗拒，好像沾染上它，人生就会变得俗气；还有些人，明明已经拥有充足的金钱了，却不知道怎么"用"它，因而无法发自内心享受到丰厚的工作成果所带来的美好。

追根究底，这其实是因为我们从小的教育当中，从来没有人好好地教过我们"金钱"背后所隐藏的奥秘。我们不懂它所谓何来，当然也不会理解它能为我们的人生带来多大的乐趣与力量。

我自己也是从小没有被好好教导金钱观的那群。从小看着父母每年领完年终奖金，都为着房贷而努力，好像在把债务还完之前，人是不能拥有充分自由的。前些年因为认识郝哥，我开始对财务管理有了不同的想法，也开始懂得怎么将工作得来的金钱，拿来扩充出更多资源。

欣见郝哥将这些珍贵的知识出版成书，阅读的同时我忍不住频频点头，好似自己进入一座珍贵的宝库：

为什么有些人一辈子怕高房贷而不敢买房子？那可能是因为他们搞不清楚什么是资产、什么是负债……

为什么有些人把赚的钱都留下来了，还是觉得自己不够有钱？那可能是因为他们不了解主被动收入的概念，或是不知道怎么为消费做选择……

我第一次看到有人用这么有趣的方式去形容财务的概念，不仅浅显易懂，还充满了启发人心的韵味。读完试阅稿以后，我迫不及待地希望这本书赶紧出版，好让我陪着孩子一起阅读。

从小没有人好好教给我们的财务观点——现在，我们可以好好教给孩子了。

许皓宜

咨询心理博士

每天的生活都是孩子真实的理财课：
善用日常中每个"花钱"的机会，
教孩子正确的金钱观！

　　2020年世界经济论坛（WEF）汇集各国政治、经济、社会等重要领袖意见所出版的《未来工作报告》（*The Future of Jobs Report*）中指出，孩子需要"理财力"，才能应付未来急速的世界产业快速变化与职场生存挑战。

　　这里说的孩子所需要的"理财力"，不是要去学会艰深的理财知识，或是投资赚大钱的技能，而是要能够懂得学习规划收支平衡，且能运用理财知识不断学习，进而投资自己。

　　因为新时代的孩子们通常比他们的父母和祖父母生活得更加富足，也更容易受到金钱的诱惑。他们需要的金融理财能力，是如何借由这样的富裕，找到自己人生未来真正的意义，追求更大的梦想；是要学习做金钱的主人，而不是把追求更多的金钱当作人生唯一的生存目的，最后沦为金钱欲望的奴隶。

　　根据美国推广理财教育的非营利组织（National Institution of Financial Education）所做的一份调查，有67%的青少年认为，父母对自己的金钱价值观影响最大。台湾的"财金智慧教育推广协会"也曾调查上千位年轻父母，其中83%认为自己的金钱观受父母影响。由此可知，父母其实是孩子金融理财教育最重要的启蒙老师。

钱到底是"需要"，还是"想要"？这些相关重要的课题，郝哥新作《富小孩与穷小孩》提供了很好的解答，更是一本很棒的入门书，书中以老师与班上同学互动模式，把相关重要的青少年必学的财商观念，一点一滴建立起来。建议你陪着孩子一起阅读这一本青少年财商好书，并且利用这个机会跟孩子分享日常生活中的理财知识。

我们不需要教出足够富有的孩子，但是也要让孩子知道"金钱"在我们人生中所扮演的重要角色。因为从小灌输正确的金钱观念，培养良好的金融素养，有助于增强孩子未来人生的生存竞争力。

杨倩琳

易飞网集团策略长

自 序
富小孩与穷小孩

我们从小到大学了很多知识，在教育体系当中更有五花八门的课程。

这些知识和课程的最终目的，除了是要完成义务教育和联考之外，不管是工作或者创业，到最后，还是必须要谋生，过上自己想要的生活。

讲直白一点，也就是还得要有"赚钱和累积财富"的能力。但有趣的是，尽管赚钱和累积财富的能力如此重要，但在教育和联考过程当中，却没有设置与"财务"相关的课程让我们学习或演练。这是一件令人不解和困惑的事情。

直到我听到"108课纲"，开始把"财商教育"列入正式学习的一环，我才在心中呐喊了一声："这就对了。"

我也告诉自己，一定要在这件有意义的事情上面贡献一点心力。

#人生要具备财商
#教育该包含财商

其实，财商教育过去没有出现在我们成长过程当中，不仅是孩子们的遗憾，同时也是父母和老师们的遗憾。

因为不仅孩子们没有这样的学习经验，老师和家长们也不见得能完全引领、教育孩子们进入财商的领域。

\# 财商教育不仅针对孩子

\# 父母师长更是财商榜样

所以在撰写本书的时候，我不仅写"财商内容"，更纳入多年实际在课堂上，或和女儿们的家庭"教学经验"，当作主要撰文的素材。

也就是希望把"教""学"的精神和方式，都能够一起和大家分享。

每一个篇章，都采用课堂上课模式，把相关财商教育，通过老师和学生们的互动，一点一滴地给建立起来。

书中的旭凯老师，是非常重要的关键人物。

他既可以是现实世界中的"老师"，也可以是孩子们的"父母亲"，更可以是我们心目当中的每一个人，内心想要学习财商内容的"自己"。

说到这里，大家可以清楚理解，这本书不仅仅是给孩子看的，更是给父母、老师，以及想要建立基本财商概念的所有人，当成自修或教学的参考书籍。

不仅为了亲子财商教育

更是教学自修实用指南

既然是一本教学指南，就一定有学习架构和指导方法。

我在书里特别融入了自己在教学领域使用多年的原创"LAUGH"模型，该模型的主要架构一共有五点：

1. 教你怎么学（Learn）：所有的学习都是为了"解决问题"，所以发现身边的问题，让学生们解决，就是最好的学习方式。

2. 教你怎么问（Ask）：教老师怎么去问问题让学生思考，"问对问题、问好问题"，才会激发学生的学习意愿。

3. 教你怎么用（Use）：通过不断地模仿和刻意练习，将书中的问答放在自己"生活联结"上面，就能够将知识越用越顺。

4. 教你怎么教（Give）：学习怎么观察学生们所处的环境，试着接地气地询问学生们理解并感兴趣的问题，并陪着他们"一起寻找答案"就是最好的教法。

5. 教你怎么想（Hint）：通过老师和学生的问答，让学生"从观察到洞察"，并且学习怎么思考答案，怎么抽丝剥茧、建立框架，寻求解答。

得益于多年来持续不断的教学，我深知环境一直处在变化之中，过去的成功经验不能一成不变地照搬套用到未来。

所以，和学生之间或孩子之间，甚至和自己之间，采用问答方式，可以持续不断"启发"彼此的思考能力，"激活"找寻答案的企图心。

这样的学习才会有趣，才能够一直让探索持续，也才符合"财商"并不只是赚钱，而是要让我们的人生能够幸福——这个最终有意义的目标。

#不只教学

#更重启发

郝旭烈 Caesar Hao

学习
经济运作本质

01

■ 分工，社会构成核心价值

这杯咖啡
经过多少人的手？

▶ 学习重点

1. 所有商品通过庞大分工合作完成

2. 商品使我们的日常生活正常运作

3. 个人独立完成单一商品成本极高

课堂上祺纬举起手来提问："老师，大家都说我们人类是群居的动物，难道一个人独自生活真的有这么难吗？"

站在讲台上的旭凯是这班的导师，来到这所明星中学任职已有三年时间了。由于他年轻有活力、教学方式又非常多元开放，常常会用游戏鼓励的方式，让孩子们自发思考和学习，所以不仅家长和孩子们都非常喜欢他，甚至就连学校也常常把他当成模范榜样，将他的教学方式定期通过直播或是录像分享到社群平台，提供给其他学生作为学习教材，甚至作为其他老师教学的参考依据。

这是一堂旭凯特别设计，针对社会经济或者是理财相关的题目，让大家自由发问、头脑风暴的课程。提问的祺纬，是班上的数学小老师，也常常是带头提问、参与度最高的学生，非常受旭凯的喜爱……

一杯咖啡经过多少人？

"我觉得一个人生活应该不是太难吧？我记得在电视上看过一个节目，叫作《自给自足的生活》。节目里面的内容，就是在讲自己一个人，不用靠别人就可以生活。"回答的是祺纬的好朋友少安，看起来一脸白白净净的书卷味，他不仅是个学霸，更是班上人缘极佳的短跑健将。

旭凯看着两人一问一答，索性把正要讲述的讲义放下，对着全班同学说："我现在出一个思考题让大家来抢答一下，如果答案最接近，我明天早上就带一份好吃的早餐来请他吃。"

"哇……好耶！"所有的孩子都齐声欢呼，期待老师接下来的问题。

"请问我手上这杯便利店咖啡，在我喝入口之前，不管是直接或者是间接，到底经过了多少人的辛苦和贡献？"旭凯老师很认真，一字一句地把问题说出来。

接下来，台下同学们踊跃地举手，甚至有人还不等旭凯点名发言，就自己大声地把答案给喊了出来："8个""6个""15个""20个""100个""哈哈……"

当有人喊出100个人的时候，同学们已笑成一团，觉得是在胡说八道了。还有人笑着说："怎么可能会有这么多人啊？"

旭凯接着说："那么请大家先把自己的答案写下来，等会儿公布答案的时候，我们再来对一下。"

全世界都有参与？

"我先不直接公布答案。我们先来接着思考这杯咖啡到底是怎么来的。不管是直接或者是间接的，我们知道，煮咖啡一定会有咖啡豆、咖啡机，然后包装要有纸杯、塑胶盖。要卖这杯咖啡，就要有便利店，在更早之前，还要有装修便利店的公司和租房子给便利店的房东。"

旭凯继续说着："咖啡机运来便利店之前，一定有制造机器的公司；而咖啡机能够运转，就要有电力公司供电；纸杯由制造公司制造，上面的印刷由印刷工厂负责。咖啡豆的货运、空运、航运等，需要不同的公司和员工，还有这些货运、空运、航运的车子、飞机、船的制造公司。另外还有，生产这些车子、飞机、船的原物料公司，各种石油提炼塑胶的工厂，金属冶炼的工厂，以及金属来源的矿场……"

还没等旭凯继续说完，学生已经闹成一团了。

"老师，哪有这样子的啦……"

"这样子一杯咖啡不是几乎全世界都有贡献？"

"那就不止几百几千人了。"

"说不定是几千万、几亿人哦。"

学生们的议论声此起彼落。

旭凯挥挥手让大家安静下来："所以说，现在你们知道了，不要小看这一杯咖啡。就这么小小一杯，可以在便利店用十几元买的东西，就需要这么多人的帮忙，才能够喝得上，才能够这么简单就享受到咖啡的美好。"

旭凯继续笑着说："而这只是一杯咖啡而已，再想想你们身

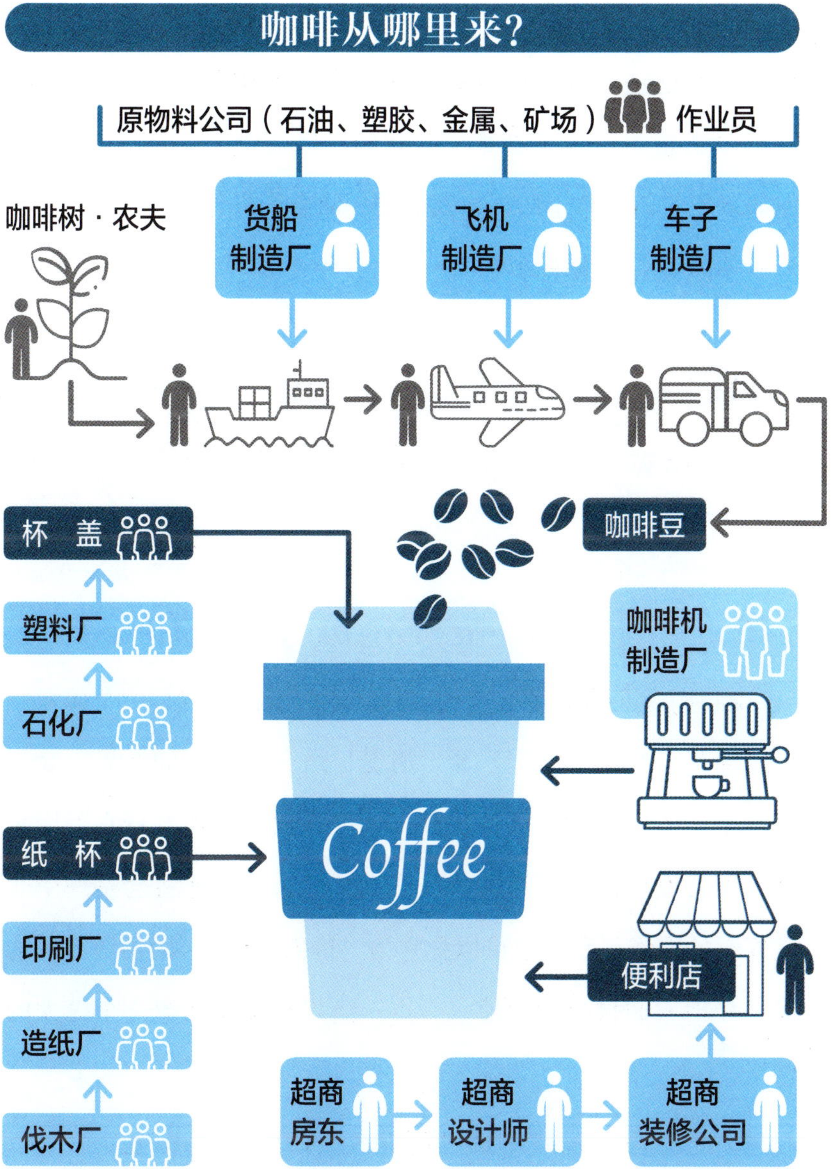

咖啡从哪里来?

原物料公司(石油、塑胶、金属、矿场) 作业员

咖啡树·农夫

货船制造厂 → 飞机制造厂 → 车子制造厂

咖啡豆

杯 盖

塑料厂

石化厂

咖啡机制造厂

纸 杯

印刷厂

造纸厂

伐木厂

Coffee

便利店

超商房东 → 超商设计师 → 超商装修公司

上穿的衣服、鞋子、袜子和书包、手机，还有送你们来上学的公交车、地铁，以及所有家里的日常生活用品。每一样东西，都可以去想想它是怎么来的。我们已经习惯了使用这些东西，但如果把它们都拿走的话，我们的生活会变成什么样子？"

旭凯接着和大家分享……

> 我们"用"的东西，用金钱来购买就是"消费"。
> 别人"做"的东西，用来换取金钱就是"生产"。

"生产"和"消费"构成了价值网络

"我们现在能够过上这么便利舒适的生活，就是一个接着一个，绵延不绝的'生产'和'消费'结合在一起的结果。我们日常生活中所用的每一件物品，如果一层一层地看看它怎么来的，你会发现，如果算进间接或直接的来源，那将会是一个非常庞大的网络，我们也可以称它为'价值网络'。因为所有的物品，是把人们付出的价值，一点一滴累积交织而成一个庞大的网络。"

"祺纬、少安，你们现在还觉得一个人生活真的很容易吗？"旭凯笑着问。

　　这两个小男生做着鬼脸相视一笑。

　　"所以，不要小看你身边的每一个人。每一个路过的人，可能都是我们生活里需要感恩的对象。"

　　旭凯的话音刚落，下课钟声恰巧响起，有意义又有趣的一课就此结束。

思考时间

1. 找一个身边的日常用品，用思维导图的方式，画出和它直接或间接相关的贡献人员（可以试着从20人、50人到100人）。

2. 试着想想看，如果把一个人在没有任何协助的前提下丢到杳无人烟的地方（例如小岛），这个人需要哪些东西才能活下去，又需要多长的准备时间？

02

■ 市场，通过买卖满足需求

看不见的手

▶学习重点

1. 人们通过需求交换来维持生计

2. 市场是个需求买卖交换的地方

3. 给别人所需也就是给自己所需

上课钟声响起，又是一天的开始。

旭凯刚在讲台上站定，台下就有可爱的同学开始举手提问了："老师，您说我们就算喝一杯饮料，都是因为得到很多人的帮助，所以要对这么多的人感恩。但是我们又不认识他们，他们为什么要帮助我们呢？"说话的是身材高挑的安琪，她也是班上的短跑健将，不仅人长得漂亮，对知识的追求也常是班上大家学习的榜样。

"安琪这个问题问得很好。"旭凯接着说，"老师先来问大家两个问题。首先请大家告诉我，你们最常接触到的朋友、家人，包含社交软件上的好友们，大概有多少人？"

"10多人""20多个吧""50多人""好几百人""我人缘最好，有好几千人，哈哈……"

一时间，讨论声此起彼落，全班乱哄哄的，大家都带着极大的热情回答旭凯的问题。

"好，不管是几十人、几百人，又或者是几千人，那么老师再请问大家第二个问题：在这些人里面，你认为真正会爱你、照顾你的人，到底有多少？"

真正爱你的人有几个？

"2个吧……我爸和我妈……"

"6个吧……我爸妈、我爷爷奶奶、和我外公外婆。"

"1人吧！我看只有我妈还受得了我！哈哈。"

很明显，大家说出口的人数，立刻都降到几乎10人以下。旭凯这时候接着对大家说："不管是现实生活中的朋友，又或者是网络、在线的朋友，就算有很多，但是真正在你需要帮助，又或者是能满足你日常生活所需的要求，那些真正爱你、陪伴你的人，通常就是你最亲近的家人或朋友。他们的人数，其实一两只手就可以数得出来。

"既然是这样，为什么我们随便喝一杯饮料、吃一顿饭，又或者是穿的衣服、鞋子，还有坐的公交车、火车，会有这么多的陌生人愿意提供帮助、照顾我们，而且解决我们日常生活所需呢？

"而这些经由许多人的努力才能完成的日常生活用品，又是通过什么样的方法，把这么多人的辛劳，用这么便宜简单的方式，传递到我们的生活周边，让我们可以很轻松、很幸福地就享用到？"

旭凯看着讲台上的咖啡说："举个例子，就像老师之前讲的便利店的热咖啡，如果是我自己种咖啡豆、烘咖啡豆、磨咖啡豆，然后还要自己制造容器、自己生火来煮咖啡，这些还不包含要去找到可以耕种的土地来种植咖啡豆，还有要等待咖啡豆的成长、收成，以及去买农药来驱虫……这么多繁复的过程；如果把这些时间都算起来的话，大家可以想象，我要花多久才能够喝到一杯咖啡呢？

"但是现在，我只需要花几分钟的时间走到巷口，就可以轻轻松松地买一杯8元的热咖啡，这到底是为什么呢？"旭凯边说着问题，边举起手边的杯子。

听完了老师的问题之后，所有的同学都开始窃窃私语，然后认真地思考着。

安琪第一个回答，她说："老师，虽然爱我们的人不多，譬如说我的爸爸妈妈，但是因为他们爱我们，所以他们就要拼命地工作赚钱，才能够让我们来上学，穿好的衣服、吃好的食物。可是他们工作的时候，也会给别人提供一些服务和产品。就像我爸爸是医生，虽然他赚钱是为了我和家人，但是提供看病的服务，帮助别人健康。这样在照顾我、爱我的过程当中，也就帮助了其他人。"

"说得太好了。"旭凯满意地直点头。

彼此帮助、成就市场

"就像我外公自己种植蔬菜和果树，他平常会把收获的蔬菜和水果拿给我们家里的人自己吃。但是有的时候我们吃不完，他就会拿到'市场'去卖。如果别人买了他的蔬菜和水果，吃得饱饱的，也等于是我的外公照顾了这些人。虽然我外公并不认识这些人，也不一定爱他们。老师，我不知道这样子说对不对？"平常不多话的芳欣，鼓足勇气难得发言。

"没错，你说得非常好。"旭凯又是嘉许地称赞。

接下来有好多人陆陆续续表达他们的看法，旭凯认真地听着大家的分享和交流，偶尔给一些反馈。他也请其他的同学针对大家的发言，交流一下彼此的看法。

等大家都说完了，旭凯很满意地把大家的发言简单总结了一下。他说："我们每个人要生活下去，都需要很多的必需品，譬如说食物、衣服、房屋、车子和各种日常生活用品。而这些东西，都需要很多人的努力和付出，才能够做得出来，也才能够让我们享受到。

"虽然我们要感谢这么多的人，但是我们却不认识他们，他们也不认识我们，甚至他们也不知道我们的存在，更没有办法爱我们。那么他们到底是怎么把这些有用的东西交到我们的手上，让我们能够享受到的呢？其实答案就是两个字——市场。就像刚才芳欣说过的，最明显的例子，就是她的外公把吃不完的蔬菜和水果拿到'市场'去卖。"

通过市场交换商品&服务

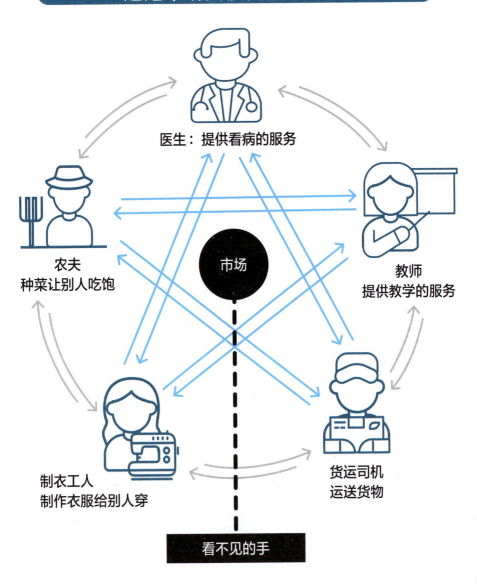

看不见的手，却满足我们的需求

咖啡豆，有买卖咖啡豆的市场；咖啡机，有买卖咖啡机的市场；咖啡杯，有买卖咖啡杯的市场；包装袋，有买卖包装袋的市场。

> 市场，让想买东西的人和想卖东西的人，
> 可以"交换"他们想要的东西。

"卖东西的人，拿他们卖的东西换到了钱；再拿这个钱，去买他们需要或想要的东西，然后就继续这样'交换'下去。所以，'市场'就像一只'看不见的手'，帮助我们取得我们的生活所需。"旭凯解释了市场是怎么让每个人满足需求的。

"哇！'市场'真是太神奇了呢！哈哈！等会儿下课，我要到市场去造福人群了。"爱搞笑的阿烈大声地笑着说。

一群学生开心地附和笑闹着，当当当……下课钟声正好响起！

思考时间

1. 随便举出身边的一件日常用品，看看在你买之前，可能经过的五种不同市场有哪些？（例如：罐装豆浆——大豆市场、纸张市场、包装市场、设计市场、印刷市场）

2. 随便举出身边的一些日常用品，看看它的价钱是多少，如果你自己做的话，可能需要花多少时间和成本？（例如：一个马克杯20元，你自己要怎么做一个杯子？）

03

■ 需求，让人买单才是重点

是谁决定东西的价格？

▶学习重点

1. 价格不一定由投入成本来决定

2. 需求才是决定价格的主要因素

今天是珊珊的生日，她特地跑到一家蛋糕店，买了好几个超级贵的千层蛋糕，带到学校来和全班同学分享，当然这些孩子也不忘邀请旭凯老师一起同乐。

唱完生日快乐歌，大家一起开心吃着蛋糕的时候，有人就说："这家蛋糕用的材料一定都非常贵，成本非常高，所以价钱才会高得这么吓人。"

"对啊，一个蛋糕将近600元。"

"我家隔壁的糕饼店，同样大小的蛋糕只要60元，只有十分之一呢！"

"没错，这蛋糕用的原料一定很贵，而且他的店都租在这么高档的地方，装潢又这么漂亮。既然花了这么多钱来卖这个蛋糕，蛋糕价钱当然比较高。"

为什么这个东西那么贵？

大家你一言我一语，一边吃着蛋糕，一边讨论着为什么这个蛋糕的价钱会这么贵。

这时候，旭凯趁机问了大家一个问题："你们觉得这家蛋糕店花了很多钱、投入了很多成本，所以这个蛋糕才有这么高的价钱，是吗？

"老师请问你们，如果有一天这家蛋糕的口味大家都吃腻了，或者是有其他更好吃的蛋糕店开张了，又或者是大家开始不喜欢吃甜食而要吃其他口味的点心了。这样一来，这家蛋糕店还能够把蛋糕卖这么高的价钱、把店开在这么贵的地方，而且还用这么漂亮的装潢来做买卖和交易吗？"

老师问完之后，所有同学先是一阵静默，然后就是此起彼落的争相回答：

"没人买，当然不可能还卖高价啊！"

"大家都不吃了，价钱怎么可能还会高？"

"如果有竞争的店家，价钱一定会降下来的。"

"没有人吃，可能店都会倒闭吧！"

"一定要有人吃，价钱才可能这么高啦！"

听到这里，旭凯提高了音量说："没错！一定要有人吃，价钱才可能这么高！如果没有人吃的话，就算商家花的钱再多、投入的成本再高，卖的价钱也没有办法提高。"然后旭凯又接着问："所以大家想想看，如果价钱的高低不一定和花的金钱或成本有直接的关系，那么到底和什么东西有关呢？"

同学们有的放下了蛋糕，有的嘴巴一边吃着一边想着，陆陆续续地开始回答老师的问题：

"应该是要有人喜欢吧？"

"越多人想吃，它的价钱就会越高……"

"如果大家都去买，他就可以维持高的价钱。"

决定价钱的关键是需求

旭凯说："是的，要大家都喜欢、大家都去买、大家都去吃，而且大家都认为这样的价钱可以接受，在这种情况之下，商家才可以维持这么高的价钱。所以，真正决定价钱的关键，不是成本，而是'需求'。如果没有客户的需求，也就是说，像这样的商家，做出这样的产品，定了一个这么高的价格，但是如果大家都不去吃、都不去买，那么商家就绝对不敢花高价去买好的材料，去租一个这么贵的店面，甚至花这么多的钱去做装潢。

"就是因为客户有需求，愿意为高的价格付费，所以商家才能够有足够的利润、赚足够的钱，去买好的材料、租好的店面和做好的装潢。"

旭凯总结决定价格的关键："简单来说，不是因为产品的成本很高，才可以定出这么高的价钱。而是因为有非常好的需求，才能定出这么高的价钱，进一步有好的利润，然后店家才有足够的钱，投资在高成本的地方回馈给客户。"

听完旭凯的解释之后，孩子们频频点头，似乎理解了价钱的决定来自"需求"，而不是"成本"。

接着旭凯又问大家："你们可不可以举出一些身边的例子，来说明商品的价格事实上是由'需求'而不是成本决定的？"

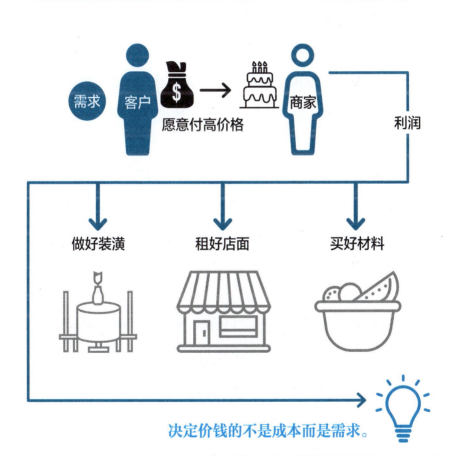

需求与价格流程图

需求 客户 愿意付高价格 → 商家 利润

做好装潢 租好店面 买好材料

决定价钱的不是成本而是需求。

重点是"有人买"

珊珊这位寿星开心地第一个发言："老师，奥特莱斯购物中心啊！这些地方就是卖一些过季商品的，它们就是因为商品已经不流行了，需求没有这么多，所以价格才会降下来啊！"

旭凯称许地点点头。家里开日本料理店的佐藤随后回答：

"就像我爸说的，同样一只鸡腿，在一般便当店卖10元，但是在日本料理店就可以卖到30元；其实鸡腿的成本都差不多，但是客人有去日本料理店吃的需求，喜欢吃我们的产品，我们才可以卖这个价钱。"

"便利店里，可乐的价钱比较便宜；而餐厅里，可乐的价钱就比较贵。其实可乐的成本都一样，但是因为大家到餐厅的时候，有这样的需求，所以餐厅才敢卖这么贵的价钱。如果没有人在餐厅点可乐喝的话，不仅餐厅不敢卖得比较贵，甚至连可乐这个产品都不会出现。"少安这个学霸跟着补充了几句。

旭凯大表赞赏地接着说："珊珊、佐藤和少安说的例子都非常好，其实就像很多手摇饮品店或咖啡店，咖啡的成本不见得比其他茶类或者是果汁类的成本高很多，但是因为咖啡需求比较高，而且在这样的价格之下，咖啡还持续有人买，所以价格自然而然就高了。"

所以，如果要说价格是由什么决定的，"有人买"才是重点。而"有人买"就代表有这个"需求",有人愿意付这个价钱。因此,"需求"才是真正决定价格的主要原因。

商品价格由"需求"来决定

"流行需求"
衣服

百货公司
660元

vs

特卖场
130元

"口味需求"
鸡腿

日本料理店
30元

vs

一般便当店
10元

思考时间

1. 试着举出日常生活中的例子，看看商品在同样的成本之下，是否也可能会有不同的价格，并说明产品之所以有不同价格的原因是什么。

2. 如果有人告诉你某市的房价很高，是因为该市的土地成本很高，而且盖房子的人力成本很高，你觉得他这样的说法是对的吗？为什么？

04

■ 比较，了解价格差异原因

哪些因素影响了价格？

▶学习重点

1. 观察"同样"商品或服务会有"不同价格"

2. 观察商品价格差异是"地点"还是"时间"

3. 影响价格差异的本质是"稀缺"以及"想要"

"我们之前曾经说过，商品价钱定得高或低，主要是根据'需求'的不同而会有变化，没有需求，基本上也就没有'价钱'高低的问题，因为我们根本不会买卖交易。那么今天我们就来进一步看看，影响需求，进而影响价格的因素，到底有哪些？"旭凯对着同学们说。

旭凯拿起了手中的香蕉，然后问同学说："有没有人能告诉我，我手中的这一根香蕉，在哪些不同的'地方'销售，会有不同的价格？"

"传统市场和超级市场的价钱就不太一样。"

"平常市场买的比较便宜，但是在便利店买的香蕉就特别贵。"

"如果你跑到种香蕉树的农夫那边去向他们买香蕉，那么香蕉肯定更是便宜得不得了。"

"如果是香蕉做的装饰冰激凌，就像'香蕉船'那种甜点，那里面的香蕉价钱就更贵了。"

不同地点香蕉价格大不同

| 产地农地 0.7元 | 传统市场 1.1元 | 超级市场 1.8元 | 便利商店 4元 | 香蕉船 40元 |

旭凯满意地看着所有同学热烈地讨论，然后接着说："除了老师拿的这个香蕉以外，同学们能不能再举出一些其他商品或是服务的例子，在'不同的地方'，就算是同样的东西，也会有不同的价格?"

不同的地方，不同的价格

刚把问题讲完，就看到同学们已经迫不及待想要举手发言。

"在便利店卖4元的可乐，到了五星级大饭店，可能可以卖到30元到40元。但是到了吃到饱的餐厅里面，可乐几乎是随便让人喝到饱。"

"同样一件看起来很像的衣服，如果在夜市买可能只要上百块，但是在百货公司或是高档的服饰店，可能就要上千块甚至上万块。"

"在一般家庭理发厅剪个头发，可能只要几十元，如果到了高级美容院，或者是找很厉害的设计师剪头发，就可能要几百或几千元。"

"我爸爸的朋友是专门帮人家做化妆品的，同样的化妆品，有的卖给平价商店，他们卖给客人就很便宜；有的卖给高档品牌的化妆品专柜，他们卖给客人的价钱就很贵。"

旭凯一边听着大家发言，一边在黑板上写下大家意见的一些关键词：

可乐：超商/饭店

衣服：夜市/百货公司

剪发：一般家庭理发厅/高级美容院

化妆品：平价商店/高档专柜

不同的时间，不同的价格

看大家的讨论告一段落，旭凯接着又说："大家都回答得很好，看来大家对于不同地方，同样的商品会有不同的价格，在生活当中都有一些认真的观察。那么，老师再请问大家，什么时候，同样的商品在'不同的时间'，也会有不同的价格？"

祺纬率先举手发言："台风前后的蔬菜，价格就会差很多，平常我陪妈妈去超市买菜，一颗卷心菜大概只要10元，但是台风过后，有一次我看到卷心菜一颗竟然要40多元，贵得吓死人了。"

"对啊，水果跟肉也会！我陪爸爸妈妈去传统市场买菜的时候，遇到台风过境之后的价格，也都会涨得非常多。"安琪也附和着说。

"还有我的iPhone，刚出来的时候6000多元，现在它已经变成旧款了，在购物网站上面，就算是没有拆封的新机，也只剩下2000多元。这个旧款的iPhone手机壳更夸张！之前我买的时候，还要120多元，那天我去夜市闲逛，竟然看到一个只要5元。"少安很认真地描述自己亲身的经验。

"对啊，还有我买的球鞋，刚出来的时候还蛮贵的，现在成了过季商品，价钱连原来的一半都不到。不过我爸爸说，他自己参加跑步的团体，最近有一些特别款式的慢跑鞋，像是耐克或者阿迪达斯，刚出来的时候就被抢购一空，结果过了一段时间之后，在网站上面拍卖的价格，比原来的价钱还更高。"珊珊这位爱运动的女孩，分享了自己的体会。

"对啊，我妈妈也说她买的包包，虽然都被爸爸感叹超级贵，但是妈妈说这都不是浪费，也不是败家，而是最好的投资！她都会把包包好好保养，过了一段时间之后，这些包包的价钱反而还会涨呢！"安琪补充完之后，引得全班同学开心地大笑。

"我爸爸也是这样，每次我妈骂我爸，为什么要买这么多的酒，还有雪茄的时候，我爸爸都说他这个是投资，过了一段时间之后，这些酒和雪茄都会涨价。后来我妈妈说，确实都有涨价，但是涨价的部分，都被我爸爸喝光了、抽光了。"平时安静的俊彦，突然缓缓地分享，感觉就像是慢动作的脱口秀，一下子逗得全班哄堂大笑。

"还有我爷爷，每天都在股票账户里面看他的股票。我爷爷说，他的心脏跳动，几乎随时都跟着不同时间股票价格的变动，一直在那里上下起伏。有的时候起伏太大，爷爷觉得他的心脏都快要跳出来了。每次都抱怨说，股票这种东西价钱随着时间的变化太过剧烈，但是我看他又好像开心得不得了，每天沉迷在股票账户里。"俊彦今天是吐槽魂大爆发，揭完爷爷的底之后，全班又是笑得一阵前仰后合。

接下来的讨论与此起彼落的笑声，一直持续不断地回荡在整个教室内。

稀缺&想要

快要接近下课的时候，讨论也差不多告一段落，旭凯准备要和大家做一个总结。

他指着黑板上密密麻麻的笔记，看着台下的所有同学说道："同样的东西，在不同的地点，或者不同的时间点，就有可能产生完全不同的价格。这是我们的生活当中，学习数字或者是金钱财务观念，一个非常重要的观察学习。这种观察，'比较'不同价格的差异，就是非常重要的开始。另外，大家想想看，如果一项商品和服务多得不得了，也就是说取之不尽、用之不竭，还会有不同高低价格吗？"

价格在变动

不同地方不同价格

可乐
便利商店 4 元
饭店 30 元

衣服
夜市 100 元
百货公司 1000 元

剪发
家庭理发 40 元
设计师 400 元

不同时间不同价格

卷心菜
平日 10 元
台风天 40 元

手机壳
发售日 120 元
3 年后 5 元

限量名牌包
发售日 10000 元
3 年后 12000 元

稀缺/想要会影响需求,
需求变动进一步影响价格。

全班同学异口同声地说："不会！"

"对，所以说，影响商品和服务价格最主要的关键因素，就是'稀缺'。如果大家从来不担心这个东西会缺少，而是可以无穷无尽地取得，那么大家就不会用高价来买它了。"旭凯补充说明，"那就算是非常稀缺，可是这个商品或是服务，如果你们根本都不想要，你们还会用高价格来买吗？"

大家又几乎同时回答："不会！"

"没错！所以影响价格的第二个关键因素，就是必须有人'想要'。如果根本没有让人'想要'的欲望，大家当然就不会想要拿钱来买它，或花更高的价格。这时候，这个东西的价格就会跌下来了。"

思考时间

1. 除了课堂上提到的案例，你是否能针对"不同地点""不同时间"造成"不同价格"的商品服务，再试着举例说明？例如：同样的西红柿炒蛋，在快炒店和大饭店、热门风景区餐厅的价钱，差异大不大？

2. 如果便利商店的香蕉一根卖4元，但是就在便利商店门口，有一个香蕉摊贩，一根香蕉卖1元，你还会买便利商店的香蕉吗？请问你的决定，可不可以用"稀缺"或者"想要"来解释？

05

■ 选择，同时思考有形无形

选择之前，
你比较过了吗？

▶学习重点

1."选择"是通过"比较"而得到的决策结论

2."比较"需要考虑"看得见"和"看不见"的因素

上课钟声响起，旭凯缓缓走上讲台之后，眼睛望向右侧的窗户，那里有一个前一阵子刚被台风乱石打破的洞口。同学们也顺着旭凯的目光看向那个洞口，等着听接下来老师要对大家说些什么。

"大家看到那个破掉的窗户了吗？"旭凯问。台下的同学们都点了点头。

"可能有人会觉得窗户破了感觉很不好，但是如果我说因为窗户破了，我们就需要有人来帮我们修窗户，而这个修窗户的工人因此得到了收入和报酬，所以可以买吃的、买用的回去给他的家人。这个时候大家会不会觉得，这个窗户破了，好像也有那么一点好处？"

台下的同学们又点了点头。

旭凯继续问台下的同学们："电动车的发明对大家的生活有什么影响吗？换句话说，就是除了以往的'汽油车'之外，我们开始多了'电动车'的选择。这种选择，不管是好的影响或者是不好的影响，大家都说来听听看。"

"电动车不会排废气，就不会污染空气。"

"油价这么贵，电动车比较省钱啊！"

"电动车需要充电，充电没有这么方便吧？"

"一般用汽油的车比较便宜，电动车很贵呢！"

"电动车好像跑得不是那么快？"

"虽然相对来说电动车不会造成空气污染，可是它要用大量的电池，到时候电池废弃不用了，说不定也会是污染？"

"如果都不用汽油了，那么依靠汽油相关工作赚钱的人可能就会觉得很不好，因为他们可能面临失业，失业没有工作，对整个社会也不是很好。"

班上的孩子已经习惯旭凯老师的问答上课方式，纷纷很自在地表达他们对电动车的看法。

电动车看得见&看不见的影响

看得见

1. 电动车不会排废气，就不会造成空气污染。

2. 油价这么贵，电动车比较省钱！

3. 电动车需要充电，充电没有这么方便！

4. 一般用汽油的车比较便宜，电动车很贵！

看不见

1. 电动车要用大量的电池，电池废弃不用时也可能是污染。

2. 如果都不用汽油，汽油相关的工作人员可能会失业。

 思考"看得见"的现象以及"看不见"的影响

旭凯点头微笑，很认真地听着所有学生的回答。他开心的并不是学生答案的对错，而是幸福地感受到，他没有"小看"学生们的潜力，一旦有机会让他们发表意见，就会真正领略到他们懂得的事物比大人以为的还要多得多。

看得见＆看不见的影响

等到大家发言结束，旭凯欣慰地对大家说："没想到大家的观察力和思考的方式，竟然有这么大的进步，感受如此深刻。最重要的是，大家没有一听到'电动车'，就一味地只往环保和减少污染的方向想。通常大家都是以这种一般'看得见'的方面，去称赞电动车的好，感觉电动车就应该是个好'选择'。

"大家刚刚回答的，已经进一步在发掘、思考一些我们'看不到'的影响。例如电动车的电池，未来会不会造成更多的污染？还有石油的需求变少之后，可能会造成失业的经济问题！

"这个就是把思考的范围扩大了，不但思考'看得见'的现象，更会进一步思考'看不见'的影响，这个对于未来人生成长，会是一个非常重要的学习环节。简单地说，就是避免太过狭隘的看法而形成偏见，甚至是自以为是或者钻牛角尖。这样对'选择'这个决策，才能做出更全面的考量。

"譬如，你看到一辆车闯红灯，直觉地就会认为他不遵守交通规则，应该受到惩罚，这也是你'看得见'的部分。

"但如果我告诉你，他的车上有一位病危的伤员，而他正要载着他赶去医院急救，当你知道这个'看不见'的原因时，是不是你整个心态就有所改变了？对这个开着车的车主，你是否会'选择'比较不太负面的看法？"

听完老师的说明，台下的学生们频频点头认同。

在"选择"时优缺点都要考虑的财务思维

"当我们在学习社会的很多经济现象，又或者是理财赚钱相关观念的时候，这种'看得见'和'看不见'要一起思考的方法有助于我们做出'选择'和'判断'，因而是非常重要的。"旭凯接着说。

"就像我们在家里，看得见爸爸辛苦地工作，每个月赚钱回家，但是你应该思考，看不见的一面是什么呢？"旭凯问。

"我们看不见的是，我们一直'看不见'爸爸！因为他早出晚归太努力，所以我们一直看不见他。"调皮捣蛋的小毛天外飞来一笔，搞得全班同学哈哈大笑，连旭凯也跟着忍俊不禁，笑得前仰后合。

但是旭凯一边笑，一边不忘赞成地说："其实也没错，我们看不见的，就是父亲在辛苦工作的同时，也少了和我们家人相处的时间。"

"而且爸爸太忙，没有时间运动，健康也会受到影响，未来说不定身体不好，会花更多的钱去看医生。那么赚来的钱，不仅没有花到，反而都付钱给医生了。这是看不到的'得不偿失'。"琪琪很认真地补充了一下。

"说得太好了。"旭凯鼓励琪琪的回应，并接着说，"所以，如果有人告诉你，用塑料袋对环境会产生非常不利的影响，所以我们一定'选择'不能用塑料袋，或者是塑胶制品，这时候，我们应该做出什么反应，或者是怎么思考和回复？"

旭凯又继续抛出问题："如果不用塑料袋，而用纸袋的话，那反而要砍更多的树，才能制造纸，是不是更不环保？那很多跟塑胶相关的产业，不是都没有生意做了，也会有很多人失业造成经济问题。很多塑料袋都是为了保鲜，让食物可以不至于太快腐坏。如果不用的话，会不会造成更多的食物丢弃和浪费，说不定更得不偿失？"

有的学生歪着头说："这么说好像也是耶！好跟不好，好像很难一刀切哩！"

在热烈的讨论声中，下课钟声响了，旭凯总结了一下这堂课的观念，把这几句话写在黑板上：

成本效益原则

> "看得见"的现象很重要；
>
> "看不见"的影响也重要！
>
> 把所有优缺点一起考量才做决定。

任何事物，都是"牵一发而动全身"，要把所有优缺点一起考量，最后做出"选择"，这才是真的符合经济学和财务思维的成本效益原则。

思考时间

1. 很多人说"人工智能（AI）的出现会让很多人失去工作，所以不应该'选择'大力发展"，通过今天的学习，我们应该怎么思考这个议题？

2. 在职场上，"老员工年纪大了跟不上时代，就应该'选择'退休，不应该跟年轻人抢饭碗争夺职位，这样才能够让社会经济持续进步"。针对这个说法，如何用"看得见"的现象和"看不见"的影响来讨论？

06

■ 交换，一切经济运作的方式
钱不是我们的目的?

▶学习重点

1. "交换" 是所有 "经济和生活" 运作的方式

2. "金钱" 是让 "交换" 变得更为容易的工具

旭凯扫视着教室里面的所有学生，露出神祕的微笑，然后缓缓从口袋里掏出一千块钱，一字一句地问台下的学生们："你们想不想要老师手中的这一千块钱？"

"要！我要！"

"老师，我也要！"

"哈哈，老师给我！"

……

台下学生的回答声此起彼落，他们举手想要的热切反应，一下子也逗笑了站在台上的旭凯。

旭凯把钞票缓缓放在讲台上，然后继续问大家："你们愿意拿什么来交换老师的这一千块钱？"

你拿什么来换一千元？

大家静默了几秒钟之后，陆陆续续地开始回应：

"老师，我帮您倒茶。"

"老师，我帮您打扫书桌。"

"老师，我帮您洗车子。"

"唉唷！你又没说倒几杯茶，只倒一杯就可以换到1000元哦？"

"对啊！打扫书桌一次就可以赚1000元也太容易了吧！"

"哈哈，那我只要洗老师车子的玻璃窗，就可以赚1000元？"

大家说了一阵子后，又开始彼此挑战，做这些事赚这1000元，到底合不合理。

"老师，那我帮您倒100次的茶，一次算10元，这样子刚好1000元。"

"那我也帮老师整理书桌100次，每次也是10元。"

"我看我爸去自助洗车，每次都是60元，我用手洗车比较辛苦，每次算100。所以老师，我帮您洗10次算1000元，您觉得好不好？"

听完这个近乎是乞求的交易，全班同学都笑了起来。

接下来，同学们又说出了各种千奇百怪的方法，想要和老师交换那1000元。譬如："小时候买的，但已经很久不玩的滑板车""家里的旧艺术台灯""乐高玩具""从小到大拥有的一箱毛绒娃娃""iPhone 6""灌篮高手的旧漫画"。

一时之间，教室又摇身一变，成为二手跳蚤市场喊价拍卖的地方。每个同学都这样，把自己家里面用不到的东西，又或者是旧的物品，用"嘴巴"拿出来，打算和老师交换这1000元。而旭凯面露微笑，似乎也非常享受这种手中拿着1000元，就让所有的学生们把家里压箱宝的东西拿出来竞拍的画面。

不同的是，一般的拍卖市场通常都是所有的买家喊价钱，来买拍卖物品。但今天在教室里，所有的买家喊的，却是他们手中的二手商品，而买的却是旭凯讲台上的1000元。

旭凯也没有辜负所有学生的参与感，一个接一个把所有学生提供的，不管是倒茶、擦桌子或洗车的服务，以及琳琅满目的二手商品，全部写在黑板上。短短的时间里，半个黑板上就写满了学生们想要"交换"这1000元的所有项目。

看着旭凯老师把所有想要交换1000元的项目只写在半边黑板上，而另外半边黑板是空的，就知道老师接下来一定还有新花样。

用行动换钞票

- 倒茶
- 打扫书桌
- 洗车子
- 小时候买的，已经很久不玩的滑板车
- 家里的旧艺术台灯
- 乐高玩具

1000

你拿一千元来换什么？

果不其然，这个时候旭凯话锋一转，接着又问所有的学生："如果你们换到了老师的这1000元，你们又打算把它拿来做什么呢？"

"当然是拿来吃喝玩乐喽！"班上的开心果玮霖想都不想就回答了旭凯的问题，逗得全班同学开心地拍手叫好。

接着就有更多的人说起要怎么使用这1000元。

"和朋友去看电影！"

"买新的漫画书！"

"把钱存起来，然后买新的篮球鞋！"

"买新衣服！"

"存起来准备买新的手机！"

虽然1000元不是很多，但也不算太少。有的人想要拿到之后，就立刻把它花掉；有的人打算把它存起来，等到累积多一点钱的时候，再去买他心目中想要的物品。当然，有些人目前还没有想到要买哪些东西，就打算先把它存起来，等到需要买的时候再把它拿来消费。

同样地，旭凯把大家想要买的东西，也都很细心地全部记录下来，写在另外半边黑板上面。这个时候，所有的同学终于知道，原来另外一半的黑板写的就是大家想要买的东西。

然后，旭凯突然问大家第三个问题："如果大家发现老师手中的这1000元，不能买任何东西，这个时候，大家还会想要这1000元吗？"

所有的同学几乎异口同声地说："当然不会啊！"还有凑热闹的同学再补上一句："钱就是要用来买东西的，如果钱不能买东西，那谁还需要钱啊？"

"没错，如果钱不能用来买东西，钱就变得没有用了，而大家也就不会需要钱。"旭凯重点重复了同学们的结论。

用钞票换商品&服务

	1000	
• 倒茶 • 打扫书桌 • 洗车子 • 小时候买的，已经很久不玩的滑板车 • 家里的旧艺术台灯 • 乐高玩具		• 吃喝玩乐 • 和朋友看电影 • 买新漫画书 • 把钱存起来，然后买新的篮球鞋 • 买新衣服 • 存起来买新手机

这个时候，旭凯用一段胶带把1000元贴在黑板的正中央。黑板的左边，是大家为了得到这1000元，而想要拿来交换的服务和商品；黑板的右边，则是大家得到1000元之后，想要去购买的服务和商品。

钱到底是什么？

接着，旭凯指着黑板对大家说："如果中间这1000元的纸币没有用，也就是不能买任何东西，也不能交换任何商品和服务，那么你们愿不愿意用左边黑板上原来你们想要换出去的商品和服务，来'交换'右边黑板上你们想要换进来的商品和服务？"

所有的学生异口同声地回答："愿意！"

"所以，金钱对我们而言，真正的目的并不是我们看到的纸币，或者是硬币本身，而是什么呢？"旭凯问。

"是我们想要'交换'的商品或服务。"珊珊抢着回答。

"没错，如果没有交换，金钱就没有存在的意义；在没有金钱使用的时代，人们彼此之间就是用'交换'的方式，来取得彼此需要的商品和服务。而有了金钱之后，金钱就变成了帮助我们交换商品和服务最重要的媒介和工具。"旭凯做了总结。

所以，金钱从来不是我们的目的，"交换"获得我们想要的商品和服务，才是金钱存在最重要的价值。

思考时间

1. 如果你出生之后就不需要交换任何东西，而是想要什么就有什么，那么你还需要金钱吗？有没有这样的人生存在世界上？举例看看。

2. 既然用东西换东西（"以物易物"）也可以达到我们"交换"日常所需的目的，那么为什么还需要"金钱"呢？

07

这瓶20元的饮料，
你会买吗？

▶ 学习重点

1. 东西变贵或收入变少会影响"需求"数量

2. 若被迫减少需求，就会产生"替代"方案

3. 创新的"替代"方案也是社会进步的动力

旭凯站在讲台上问大家，是否有在外旅行住酒店的经验？几乎所有的孩子都点了点头。毕竟现在在外旅行，已经是一个非常普遍的休闲活动。

"通常我们进到房间之后，在入口的小吧台或者是桌上，都会有房间内饮料或者是零食的价目表。常常一罐在超级市场或者超商卖4元的可乐，在价目表上可能会卖到20元。如果这时候，你非常想要喝可乐，但是走出饭店方圆百里之内，就是没有卖可乐的，你该怎么办？"旭凯问大家。

"没办法，只好买喽！既然都已经出来玩，住在酒店里了，享受一下高档的气氛，喝一下贵的可乐，就当是犒赏自己了。况且也没有其他地方可以买到便宜的可乐。"大大咧咧的佳宜，很豪爽地表达自己的看法。

"那如果可乐的价钱不是20元，而是200元，你还会买吗？"旭凯继续问。

"啊？200元也太离谱了吧，那简直就是坑人了，我不但不会喝，还会拍照把它发到网络上，给这家酒店差评，看他会不会赶快把可乐价钱降下来。"佳宜直率的个性，在她的回答当中暴露无遗。

"所以，如果酒店看到你的评论，自动把可乐的价钱降了下来，还向你道歉，这时候你就会心甘情愿地花钱，喝这瓶可乐了，对吧？"旭凯问。

"那当然啦！如果价钱不是太离谱的话，譬如16到20元，其他饭店的价钱都是这样，那么我就愿意花这个价钱去喝这个可乐。"佳宜认真地回复老师。

旭凯很满意地点头，称许佳宜的回答。接着，旭凯又转过头对着台下所有的学生问道："那如果饭店门口就有卖4元可乐的便利店，而且你只是口渴，也不是那种'不喝可乐就不行的人'，那么你们会怎么做呢？"

"我就喝饭店里的矿泉水就好了啊！"

"很多饭店里都提供免费的茶包和咖啡，像我和我爸爸妈妈，一进房间就会煮热开水，然后喝免费的茶和咖啡。"

"要是我的话，我就跑到外面的超商去，不管是买可乐，或者是其他的饮料，然后再拿到高档的饭店里去享受！这样不是很划算吗？"

价格变高 vs 收入变少

旭凯接着和大家解释，如果一个产品或一项服务价钱很高，但是还在你可以接受的范围之内，那么你还是会用比较高的价钱去买，就像第一个例子里面20元的可乐一样。

但是如果价钱高得离谱，以至于让你没有办法接受，你可能就会采取一些"替代"方案，譬如说在网络上发表差评，强迫饭店把价格降到合理的范围，然后你再来消费。

又或者是，价钱虽然合理地高，但是有更便宜的选项，而且又是你可以接受的，譬如去饭店旁边的便利店买便宜的可乐，又或者是直接喝矿泉水，或者是免费的茶和咖啡等。这些，也都是其他选择的"替代"方案。

所以，当我们要购买任何一个商品或一项服务的时候，如果价钱上涨，只要我们觉得合理或者是买得起，那么我们一样会去消费或者购买，只不过我们买的数量可能少一点。

但是如果价钱高到非常离谱，或者是我们没有能力消费，又或者是我们有其他选择，那么"替代"方案，就是在日常生活中"花钱消费"一个非常常见的现象。

替代方案

其实不仅仅是商品价格变高了，才会有"替代"的现象发生。有的时候就算商品的价格没有变动，但是我们身上的钱变少了，或者是收入变少了，也就是花钱的能力变差了，我们也可能去寻找替代方案。

简单来说，如果是"非自愿性"地减少消费，而让自己的生活满意度下降，在短时间之内，或许忍一下就过去了。但是如果时间拖得太久，人们就会尽力寻找方式，来满足自己原有或更好的生活需求。"替代"，是经济学或财务思维上一个重要的基本概念。

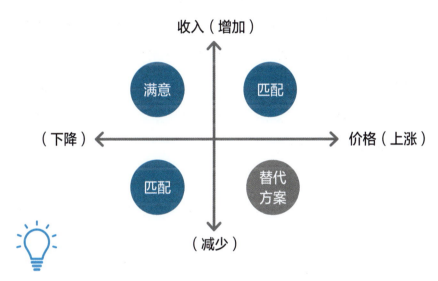

收入和价格同步起伏，对生活影响不大。
收入增加、价格下降，生活满意度提高，累积财富；
收入减少、价格上升，生活满意度下降，会寻找替代方案。

认真解释完这一段之后，旭凯要大家思考一下，不管是"价格变高"了，又或者是"收入变少"了，这两种情况在生活中发生的时候，有哪些案例会改变我们的消费方式，而去寻找

"替代"的方案？

话音刚落，就看到台下举起一只只的手准备抢答。

"我妈妈说现在的油价实在太贵了，所以她从开我爸那辆大车，换成现在的小车，这样比较省钱。这就是小车'替代'大车。"娇小的好庭一说完，旭凯就对她比了一个赞。

"我爸爸也说石油的价钱非常贵，而且又会污染环境，不仅自己得花很多钱，政府治理污染也需要花很多钱。所以他现在买知名品牌电动车，我们家不但车子是电动车，连摩托车也是。这个应该也可以说是从用石油'替代'成电动的。"高挑的子齐笃定地发表了他的看法。

"我妈说，她本来都是去美容院染头发，因为她白头发比较多，头发长得又快，所以染头发的次数和花费都很贵。每个月一次，每次要400元，一年就要4800元。但是现在经济不景气，希望能够省一点钱，所以她就自己买染发剂回来在家染，一次只要40元，是原来的十分之一。这样可以省很多钱。这样应该算是从让别人赚，'替代'成自己赚吧！"少安一说完，大家笑着对他说，少安的妈妈实在是太厉害了。

这时候下课的钟声刚好响起，旭凯做了一个总结："如果东西价钱变贵，或者是我们收入减少，又可能是我们想多存一点钱，在这种情况下，我们通常会有两种选择，请大家记住……"

他边说边在黑板写下两点：

1. 减少消费数量

如果短时间内没有其他的替代方案，我们可能就会减少消费或购买的数量。

2. 寻找替代方案

但是如果时间久了之后，我们就会寻找不同的替代方案，维持我们的生活质量，满足对美好生活的期盼。

思考时间

1. 请针对俗话说的"穷则变，变则通"这句话进行解释，并且看看生活当中有什么样的例子可以套用在这句话上面。

2. 除了本堂课举的例子之外，再举个生活中"替代"的案例，并说明在这个案例当中"替代"的主要目的是什么。

08

■ 换算，国际视野财务思维

美元升值还是贬值，
对我们来说有何不同？

▶学习重点

1. 不同国家或地区的货币，可以兑换（了解货币汇率）

2. 不同国家或地区的商品，会有价差（了解消费水平）

窗外是难得的艳阳天，旭凯面带笑容地走进教室之后，拿出三张钞票，然后用磁铁分别把它们固定在讲台旁边的小白板上面。

这三张钞票分别是美元的100元、人民币的100元，以及日元的10000元。然后，他问台下的同学：

"大家是不是很熟悉这三种钞票？"

"当然是啊！"几乎所有的同学都嬉嬉闹闹地回答老师，还有人趁机捣乱说："老师，上面的这些钞票该不会是今天上课的奖品吧？"说完之后，大伙儿都哈哈笑了起来。

美元、人民币、日元

旭凯接着就问大家："有没有人能告诉我，什么时候你会需要用到它们？"

"当然是玩的时候啊！不管去哪一个地方，每次要去玩之前，我的爸爸妈妈都会到银行去兑换。有的时候忘记换了，也可以在机场换钱。就算到了当地的机场，或是饭店，如果换的钱不够，也可以去换钱。"安琪立刻和大家分享。

"在美国的网站上面买东西，有的时候也是用美元来购买。就像我爸爸、妈妈和哥哥、姐姐，就很喜欢上美国亚马逊的网站上买东西，特别是我姐姐很喜欢在亚马逊上买电子书。虽然他们是用信用卡付钱，但是那些价格都是用美元计价的。有一次我请妈妈帮我在亚马逊上买一个生日礼物送给朋友，我才知道原来妈妈是把钱兑换成美元，再来买亚马逊上的商品。"祺纬很认真地分享他和家人一起在网站上购物的经验。

"如果在美国念书的话，就会需要很多美元来支付学费。就像我的姑姑，她的女儿在美国念书，她就会常常关心美元是升值还是贬值。她要尽量在美元比较便宜的时候，赶快去兑换，这样就会比较划算。"品萱的表哥表姐们，有好几位都在美国念书，所以这样的经验在他们家已经司空见惯。

"我爸爸、妈妈会投资一些理财产品，我就听我妈妈说过，那些以'外币计价'的投资商品，要先用本币兑换成外币，然后再拿去做投资。"晴芬的父母刚好都在银行的投资部门工作，所以平时在和小孩的聊天过程当中，也与孩子们分享这种投资的心得和经验。

旭凯听完同学们的分享后，接着说："大家说的都非常好，除大家看到的美元、人民币和日元之外，欧元、韩元以及新加坡元等，也都是外币。

"简单来说，只要我们必须买其他国家或地区的东西，而且其他国家或地区要求用他们的货币来买卖的话，我们就必须用本币来'交换'他们的货币。虽然说是'交换'，但实际上，就和我们拿钱去交换各种不同商品和服务是一样的，其实就是拿本币去'买'其他国家的货币。

"就像品萱的姑姑常常要关心美元是升值还是贬值，要选择美元比较便宜的时候，赶快把美元买起来，到时候'换算'下来，学费就相对比较便宜。"

美元从7元变成6元代表什么？

"如果学费是10000美元，而1美元必须用7元的人民币来购买，那么这时候，我们必须花费多少人民币来缴这个学费？"旭凯问大家。

"70000元。"台下的孩子迅速回答。

"如果1美元现在只需要用6元的人民币来购买，那么这个时候，10000美元的学费，需要花费多少人民币呢？"

"60000元。"台下又几乎异口同声地说。

"所以，从要用7元来买1美元，变成用6元来买1美元，也就是美元变便宜了。这样1万美元的学费，一下子就省了将近1万元的人民币。所以，不同国家或地区货币之间的'交换'，事实上就是货币之间的'买卖'和'交易'。而货币直接买卖的价格，或者如前面同学所说，不同货币之间换算的比率，我们也叫作'汇率'。"旭凯做了非常有力的总结。

货币之间的兑换

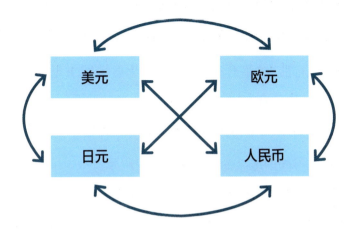

"老师相信很多同学都有出去玩的经验，那老师继续问大家，有没有发现，就算是同一个时间，你买同样的东西，在本地或是在其他地方，价钱竟然是不太一样的？"旭凯继续问学生们。

汇率还有其他意义？

"对啊，我姐姐去年刚到美国念书，她在家吃一个排骨饭，差不多是人民币24元，但是到了美国之后，随便吃一个排骨便当，几乎都要将近12美元。如果1美元差不多是6元人民币的话，就等于是72元人民币。换句话说，这个便当在美国，是我们这儿三倍的价格！"说话的芳玲，她的大姐去年高中毕业之后，就直接到美国去读大学了。

"前年爸爸妈妈带我去北欧国家旅行，像挪威的便利店，就算是可乐的价钱，也比我们这边要高一些。用当地的钱币换算成人民币，一瓶500毫升的可乐，差不多要将近20元，贵得不得了。"少安也跟着补充说。

接下来好多同学也说到了他们去世界各地旅行，发现同样的东西，在不同的地区也有着价格上的差异。

"所以通过世界各地的消费，以及不同货币之间的换算，我们就可以知道，就算是同样的商品，在不同国家和地区之间，也会有非常大的'价格差异'。而这种差异代表的，也就是不同国家和地区的'平均收入'和'生活水平'。通常价格高的地方，平均收入和生活水平比较高；相反，价格低的地方，平均收入和生活水平也比较低。

"总而言之，汇率就是货币之间买卖的价格。而通过汇率，我们可以换算各种不同商品在不同国家和地区的价格，也就可以了解他们的收入水平，还有他们的生活水平。"旭凯在下课前做了一个认真的总结。

思考时间

1. 针对麦当劳的巨无霸汉堡在全世界的价格差异，有一个非常著名的"巨无霸指数"。请在网上搜寻这个指数最高和最低分别是多少，所代表的意义又是什么。

2. 如果现在你手边有非常多的美元（譬如100000美元），而在未来短时间内你不会使用到美元，那你该不该换成人民币？为什么？

理解
致富方法工具

09

■ 存钱，主要目的关注未来

为什么人应该要存钱？

▶学习重点

1. 存钱是为了"确定的支出""不确定的意外"或"特殊目的"的消费

2. 存钱也是为了"用钱来赚钱"，也就是常听到的"投资"

投影幕上显现着几个东西，包括银行的存折、古老的各种存钱罐、定期存款的存单（这个可能很多中学生都还没看过）、银行卡。旭凯在环顾教室之后，接着问大家：

"同学们，投影幕上面的这几件物品，会让你们想到它们有什么样的'共同点'？"

"都和钱有关？"

"都有很多钱？"

"储蓄！"

"存钱！"

"越来越多的钱！"

"把很多的钱存起来。"

"大家说得都很好，也说得都对，把很多的钱放在一起，不管是存钱罐也好、银行卡里面的钱也好，又或者是银行的存折，就是我们常常听到的储蓄，或者是存钱。"旭凯听完孩子们的答案之后，很认可地帮大家做了一个简单的总结。

他接着继续问大家："大家试着分享一下，不管是你们自己也好，又或者是你们的爸爸妈妈、兄弟姐妹也好，大家为什么要储蓄？为什么要存钱？存钱的目的到底是什么？"

"我妈妈说，赚到的钱如果能够存起来，就尽量多存一点，因为每个人都有可能碰到意外的时候，也不知道什么时候需要用到钱。所以如果有存钱的习惯，把钱留下来，那么等到真正有急事、需要用钱的时候，就不需要向别人借钱，自己就有钱可以直接拿来用。"芳欣轻声细语地说，这是她妈妈传递给她的存钱观念。

"这就是我们古老中国俗语常说的'未雨绸缪'，或者是'防患于未然'。也就是说，不要以为意外不会发生在你身上。固然我们不希望发生意外，但是如果我们有存钱的习惯，一旦意外发生，又非常紧急需要用钱，我们就可以从容地应对。"旭凯简单地做了个小结。

接着少安也抢着举手回答："爸爸妈妈赚钱，除了平常给我们花用之外，一定要把钱存下来。因为除了平常衣食住行需要钱之外，每个学期我们都需要缴学费，而且每次过年过节的时候，也都要给爷爷奶奶和外公外婆发红包。如果没有把钱存下来的话，那就没有钱去缴学费，也没有办法给爷爷奶奶、外公外婆红包。"

"对啊，我爸妈也常说，他们现在除了必要的花费之外，要拼命把钱存下来，就是为了保证他们以后退休了还可以有钱花。因为现在他们还有能力工作赚钱，但是等他们老了以后，退休没有工作了，就没有办法赚钱。所以现在存钱，就是为了他们退休以后的生活着想。"佐藤的父母是开日式料理店的，开家长会的时候，可以感觉到佐藤的爸爸妈妈非常具有财务观念。

应急或做特殊消费

旭凯听完他们两个的分享之后，紧接着说："少安和佐藤所说的情况，虽然不是针对未来的意外去做准备，但也是针对未来的金钱需求来做储蓄和存钱，这种情况是比较'确定'的。例如，你知道未来你一定要付学费，你也一定要拿红包给你的爷爷奶奶、外公外婆；而你的父母也知道就算退休之后没有工作，也一定需要用钱。所以，针对这种未来'确定'花费的需要，存款和储蓄是非常重要的解决方法。"

"老师，有的时候，我也会因为特别的目的，要把钱存起来，好去买一个我想要的东西，譬如我的运动鞋、我的手机，或是我的脚踏车。"志豪铿锵有力地说出了他存钱的目的。

"没错，存钱另外一个最主要的目的，就是为了特殊的消费。最常见的就是我们特别想要买一个东西，而目前手边没有足够的金钱，就必须通过存钱，把钱累积到一定程度之后，才有能力去买。"旭凯特别补充了一下之后，也顺便问大家，"大家能不能说说，通常我们或父母会想要特别存钱买的东西有哪些？"

"去听演唱会的票！"

"和同学们暑假去旅行的钱!"

"汽车或者是休旅车!"

"买新的房子!"

"我妈妈要买很贵的包包!"

"手机或者是计算机!"

"我要买游艇!"

"我要买飞机!"

大家一下子七嘴八舌说出了自己或家人存钱想要买的东西,可以说是琳琅满目、无奇不有。

"我要买埃隆·马斯克(Elon Musk)创立的公司——特斯拉的股票!""我要买台积电的股票!"

突然之间,大家话锋一转,竟然把想要买的东西,从一般的商品服务转向股票!

这样的变化,正好符合旭凯的期望!他顺势接着往下说:"我很高兴大家在这么小的年纪,竟然就会说出想要存钱买'股票'这样的目的;其实,这也是存钱的第二个目的:'投资'。"

存钱也是为了赚钱

"存钱,最主要的真正目的,当然就是为了消费,满足我们的衣食住行和购物需求,让我们的生活越过越好、越来越幸福。"旭凯说着，"但是存钱，有另外一个更大的功能，就是可以帮助我们'用钱来赚钱'。譬如，大家把钱存到银行里面，那么放了一阵子之后，有没有人知道银行会支付给你什么东西？"

"利息！"所有同学异口同声地说。

"大家都非常棒！只要你把钱存到了银行，或者是别的金融机构，等过一段时间之后，他们会支付你利息，这就是你把钱存在银行额外赚到的钱。这也就是常听到别人所说的'投资'。

"不管是把钱存到银行也好，又或者是买股票也好，都叫作'投资'，也就是用我们存的钱，帮助我们赚更多的钱；这样一来就可以更快买到第一个目的'消费'所想要买的东西。"

此时，刚好下课钟声响起，老师补充道："有关'用钱赚钱'的投资方式，之后会专门再跟大家讨论。"

最后，在下课前，旭凯特别再跟大家强调：存钱，千万不要做一个只会把钱放在身边的守财奴。存钱真正的目的有两个，第一个就是通过存钱来进行"投资"，让我们能够用钱赚钱，迅速累积我们的财富；第二个当然就是通过存钱来"消费"，满足我们的日常所需，让我们生活越来越好、越来越幸福，这才是存钱最重要、最关键的目的。

存钱的主要目的

思考时间

1. 拼命工作去赚钱，和用赚来的钱去帮你赚钱，你比较喜欢哪种赚钱的方式？

2. 如果说"投资"就是用钱来赚钱，那么你可不可以试着和同学或者是父母讨论看看，甚至去网上搜索一下，有哪些投资方式，也就是用钱赚钱的方式？

10

■ 想要，未必都是真正需要

你想要的东西多不多？

▶学习重点

1. 资源不足能够训练我们"选择和排序"的能力

2. 选择和排序让我们思考"想要和需要"的差别

上课钟声响起，班上的同学陆陆续续地在教室坐好，旭凯一如往常，已经在讲台上站定。因为上一堂课是体育课，所以很多同学大汗淋漓，有的人刚把买来的饮料喝了一口之后放在身旁，有的人则是刚拿到外卖饮料，还没来得及喝。

旭凯让大家稍事休息之后，也喝了一口自己刚从街上买来的冷泡茶。他神态轻松地问大家说："各位同学，不管是你们自己，或者是家人，有没有过这样的经验，就是非常想要买某个东西，可是自己就是没有足够的钱来支付。所以在这种情况下，为了买自己特别想要的东西，只好放弃一些自己也想要买的东西？"

"老师，当然有啊！就像我每天都好想吃回转寿司，可是我没有这么多的钱，所以我只能到便利店去吃饭团，然后把它当作是回转寿司。"胖嘟嘟的开心果玮霖一说完后，全班就哄堂大笑。

然后坐在他旁边爱搞笑的小毛，忍不住也趁机回答："我还每天早上都想吃牛排呢！但是因为钱不够，所以也只能吃便利店的鸡胸肉。"说完之后，还摆了个无可奈何的手势，这一下子全班笑得更大声，而旭凯也被逗得乐不可支。

"说起吃喝，我有一个习惯，那就是下课放学的时候，我都会去买一杯珍珠奶茶，感觉特别幸福。可是最近我看上了一块好漂亮的手表，然后我妈又不给我钱买。所以这段时间，只好牺牲我的珍珠奶茶，先把钱存起来，等到我把手表买到之后，再来喝我最爱的珍珠奶茶。"可爱开朗的珊珊也跟着分享她最近的经验。

"还有我妈妈说，我们要努力存钱买房子，之前我们家每年都会出去玩两到三次，现在我们就必须要把钱尽量省下来，这样就可以把省下来的钱存起来准备买房子。其实我们连出去吃饭、逛街买衣服的次数也都变少了，因为她说省得越多，才能越快买到我们想要住的房子。"在琪琪回答的声调中，似乎有少许的落寞。

资源有限，需要选择

旭凯听完大家的分享后说："看来很多人都曾经有想要买东西，但是钱不够的经验。所以这个时候你就必须'放弃'一些想要买的东西，才能够把省下来的钱拿去买'更想要'的东西。"

旭凯话锋一转："但是如果你像古代的皇帝一样，根本没有任何'钱不够'的困扰。又或者像是世界上非常有钱的大富翁，譬如：亚马逊的老板贝索斯、微软的老板比尔·盖茨、台积电的创始人张忠谋，又或者是鸿海的创始人郭台铭……那么你买这些东西，还需要考虑放弃其他的爱好，或者喜欢的东西吗？"

"当然不需要啊！"全班同学异口同声地回答。

"所以，每当我们要特别'选择'，哪些东西要先买，哪些东西先不要买——也就是说，必须要把我们喜欢的东西做一个'排序'，而不能想买什么就买什么——最主要的关键因素，就是我们的'资源有限'，或者是说'资源不足'。"旭凯接着说，"所以说，如果能够赚钱，累积我们的金钱、累积我们的财富，累积充足的资源，到那时才可以不受限制地去购买我们想要的商品或者服务。"

旭凯接着问："但是，老师这边想再问大家一个问题，就是我们自己或者是家人常常买了很多东西，但是其中有些东西实际上不是一定要买的。大家能不能举出一些类似的例子？"

想要的不一定是需要的

"有啊！就像我爸每天都要抽烟一样，现在一包烟都要一百多元，有的时候，一天抽一包；有的时候，甚至要两包烟。一年算下来，在抽烟上就花了上万元。我觉得，虽然这是他很'想要'的事情，但是对身体根本不好。不花这个钱，其实不仅省钱，对健康更有帮助，其实是一举两得的。"平常爱搞笑的阿烈，说起爸爸的健康就笑不出来了。因为阿烈的爸爸是做建筑

资源有限，谨慎选择

旅游

医疗费用

储蓄

教育费用

衣物

食物

居住

金钱或资源是稀缺有限的，必须谨慎选择。

哪些是想要?
哪些是需要?

的，偶尔假日的时候，阿烈也会到工地看看，所以有很多机会近距离观察他爸爸，非常关心爸爸的健康。

"我妈妈也很夸张，几乎每个礼拜都会去买新衣服，每个月都差不多要花1万元，一年都快要10万元，都可以买一辆轿车了。而且每隔几个月，她就把好多看起来还很新的衣服送给别人，或者是拿去回收站，我觉得很浪费。其实我感觉我老妈她只是'想要'买新衣服，实际上她不一定真的需要这么多的衣服。"说话的安琪，爸爸是医生，但妈妈的娘家，也就是安琪的外公外婆，是知名的房地产开发商，所以家境可以说是相当不错。

接着，又有好几个同学分别发表自己的看法，然后旭凯顺着大家的分享说："衣服最基本的功能，就是为了保暖。至于流行时尚的设计，都是为了吸引我们能够买得更多、买得更频繁。食物最基本的功能，就是为了吃饱，至于更多色香味的设计，也是为了吸引我们能够吃得更多，以及吃得更频繁。换句话说，商人或者贩卖商品服务的生意人，都会想方设法希望我们花钱。站在他们的立场，这是再自然不过的事情，毕竟这是他们赚钱谋生的方法。"同学们点点头表示认同。

旭凯总结今天的重点说："如果我们想要省钱，或者不想要浪费，那么请记住八个字：'想要很多，需要很少'，就可以常常提醒自己，省下更多的金钱，避免过多的花费和不必要的浪费。

"一旦能够清楚分辨'什么是想要，什么是需要'，就更能对自己想要花钱买的东西进行'选择和排序'。这样一来，解决自己'资源不足'，或者是实现想要更快'累积财富'的目的，就会变得相对简单，也会更快速达成了。"

思考时间

1. 除了上面的例子之外，有没有觉得自己和家人买了一些东西，实际上是根本不需要的，只是纯粹"想要"而已？

2. 试着列出未来一年你最想要买的五件东西，并依你的喜好程度进行"排序"，然后在每一个项目后面列出价格，看看总共需要多少钱？如果你的零用钱不够的话，你必须储蓄多久，又要放弃掉哪些你平常可能想要买的东西，才能够达成你买到这五件东西的心愿？

11

■ 匹配，消费确实物有所值

东西越便宜越好吗？

▶学习重点

1. 消费不一定是越便宜越好，匹配需求才是关键

2. 了解商品价格与价值互相匹配，就是物有所值

"大家有没有听过什么叫作'高性价比'，或者是'高CP值'？"旭凯站在讲台上问着班上的同学。

"我知道哦，老师。"学霸少安很快举手抢答，"性价比，讲的就是性能和价格的比较。性价比的英文是'Cost Performance Ratio'，所以大家就把它称作'CP值'。简单来说，高性价比，或者CP值很高，就代表大家买的东西非常棒，但是价格非常便宜，也就是物超所值的意思。"少安一口气讲完，全班同学也不吝啬地给他热烈的鼓掌。

"少安讲得非常好，也解释得非常清楚，那么大家可不可以举出一些生活中自己觉得'高性价比'的案例来分享一下？"旭凯抛出了第二个问题给同学们。

这些东西CP值超高

佳宜马上举手发言："像目前世界各地受疫情的影响非常严重，很多国际饭店原来都有一些观光客入住，但是现在这些观光客不能来了，饭店为了吸引国内的人来住，价钱会比以前便宜很多。像我们家前一段时间去旅行，订了一家五星级饭店，平常都要1000多元才能住一晚，结果我们才花500多元就订到了，还包含晚餐和早餐，真的非常划算。像这样就是很高的性价比。"

旭凯听完称许地点点头鼓励。

"我最喜欢去我外婆家附近的一家小吃摊吃卤肉饭,因为他们家小碗的卤肉饭才6元,超便宜。更重要的是,他们家的小碗够大,而且饭装得满满的,肉汁也给很多,吃一碗就会饱,所以每次都有吃到赚到的感觉,真的是物超所值、CP值超高。老师我这样子说,对吗?"玮霖用调皮的鬼脸,期待老师的回复。

"哈哈,玮霖也说得很好,一碗抵两碗,而且价格更便宜,肯定是高性价比。下次记得也带老师一起去吃一下。"旭凯说完,全班同学都跟着笑了起来,也起哄要一起组团去吃卤肉饭。

"像我妈妈和阿姨们,最喜欢在百货公司周年庆的时候去买衣服和化妆品。因为她们说,这时候买的东西最实惠也最划算,常常折扣都低得不像话。她们还开玩笑说,这样打折,真的会让厂商打到骨折。"珊珊分享她妈妈和阿姨们的采购经验。

然后俊彦也忍不住跟着补充:"对啊,还有每年11月11日,阿里巴巴的天猫'双十一'都变成一个购物狂欢节了。我们家亲戚都会在这一天去买他们很想要的东西,因为这一天买的价钱实在是太便宜、太实惠了。有时候1000元的东西,可能只要200或300元就买到了。"

"其实欧美国家每年在感恩节之后的第一个礼拜五,也有'黑色星期五购物节',他们也会在那个时候,提供超级优惠的东西让大家来捡便宜，感觉和'双十一'购物节很类似。"品萱跟着补充。

接着又有好几位同学分享了他们觉得物超所值、高性价比的经验。旭凯也分别称赞和点评了大家的案例。然后他突然话锋一转，问大家："高性价比，看起来是大家都非常喜欢的交易结果，因为东西很好又便宜。说实话，谁不爱呢？但是东西一定是越便宜越好吗？有没有一些东西看起来很'便宜'，结果到最后，反而让我们花更多的钱呢？"

物有所值

乍听到老师的问题，全班同学突然间一阵静默，仿佛在认真思考老师的问题，回想"便宜"这两个字所带来的负面联想，以及曾经有过的不好体验。

"老师，我哥哥是一个很节俭的人，又很喜欢跑步。他曾经告诉我，他一开始跑步的时候，都买一些大卖场或是路边摊的运动鞋，大概不到200元就可以买到一双。虽然看起来很便宜，但是常常穿不到三个月，就要再换一双。这样算起来，一年要买到四双，就差不多是800元。但是他现在买了一双非常好的跑鞋，虽然一双要花700元，但是这双好跑鞋都已经穿了一年多了还在穿。所以，如果整个算起来，原来'便宜'的跑鞋，反而是花费比较多的。"田径队的志豪说完之后，旭凯不仅称赞他，还给他比了一个大大的赞。

"我网上买的便宜衣服，也是一下子就容易脱线。"

"我的便宜耳机听一听就好多杂音。"

"我夜市买的便宜包包，背带没几天就断了。"

一时之间，仿佛大家都回想起了"便宜"曾经带来的不那么美好的体验。

旭凯并没有针对大家的回答直接给出评论，反而站在卖方厂商的角度，又问了另外一个问题："大家有没有想过，如果你们都很想要便宜的东西，就代表厂商，也就是卖给你东西的商家，要给你比较低的价格。可是他们又都想要'赚钱'，那么他们是不是也会想要花比较少的钱，来制作这个商品？所以这个时候，提供给你的商品的质量会不会有所下降？"

同学们听完老师的问题之后，都频频点头。

"想想看那些制作知名运动鞋的品牌，如耐克、阿迪达斯等，这些顾客买他们的跑鞋，除了美观、流行、时尚，以及舒适之外，还可能有什么其他的需求？"旭凯问大家。

"让跑者跑得更快！"

"避免跑的人受伤，避免运动伤害。"

"适合不同跑步地形，譬如说山地或是平路。"

"为一些特殊脚型来设计，譬如说扁平足。"同学们很热烈地回答老师的问题。

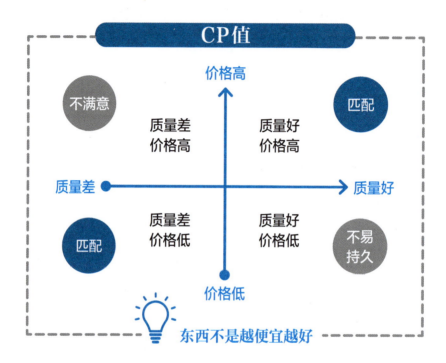

"大家说得都很好，这些为了跑者的需求而提供的设计，就是厂商要特别花的心血、成本和提供的价值。换句话说，厂商也要花更多的钱，来研发和制作这些商品。所以，如果这些设计符合我们的需求，那么就算商品的价格比较高一点，我们也会觉得物有所值。"旭凯一字一句地和大家分享。

"所以，东西不一定是越便宜越好，和自己的'需求'互相

'匹配'才是关键。东西价格高，也不一定不好，如果它的'价值'能够和'价格'互相'匹配'，又满足我们的需求，那么就是值得的消费。"旭凯认真地做了一个总结。

思考时间

1. 想想看，你曾经买过什么物超所值、又便宜又好的东西？而又曾经有过什么样的体验，买了便宜的商品，但是质量非常不好，觉得还不如多花一点钱，还比较匹配自己需求的商品？

2. 在你记忆中，能不能举一些非常贵重品牌的商品的例子？并试着分享昂贵的价格呈现出什么样的价值，而又满足了人们什么样的需求。

12

■ 成本，获得东西所付代价

爸妈跟清洁人员比，
谁来打扫最划算？

▶ 学习重点

1. 购买商品的"价格"并非取得商品的所有成本

2. 取得商品所付出的"所有代价"才是所有成本

旭凯在讲桌上摆了三样东西：星巴克的美式咖啡、便利店的美式咖啡、挂耳式的咖啡。而且三样东西上面还分别用便利贴写上价格："20元、9元、4元。"然后，他问大家："同学们，你们来说说，这三样东西，哪样'价格'最贵，哪样'价格'最便宜？"

学生们听完老师的问题，都面面相觑，大家都摆出一副"你当我傻啊"的表情，因为价格不就明摆在那吗？还好子齐直接秒回答，解除了这一瞬间的尴尬："老师，如果这不是智力测验的话，应该是20大于9大于4，所以星巴克最贵，挂耳式咖啡最便宜吧？"

旭凯听完子齐的回答之后，跟着哈哈大笑说："大家不要这么紧张，就便利贴上面的'价格'而言，子齐所说的完全正确。"

听完老师的回复之后，大家呼地一声，松了一口气。

接着旭凯又问大家："那如果老师问大家，你们取得这三样的'成本'，哪个最高？哪个最低呢？"这时候大家几乎是同时间一起回答："星巴克最高，挂耳式咖啡最低呀！"

"它们的价格，不就是我们取得的成本吗？"好几个同学在台下都发出同样的疑问。

"是吗？商品的价格就是我们取得的成本吗？"旭凯一字一

句地反问大家。

取得成本不等于价格？

"老师假设一个情况让大家来思考看看，如果现在你爸爸觉得花钱买一杯便利店的咖啡划不来，他想要自己在家泡一杯挂耳式咖啡。但是因为要煮开水冲泡咖啡，而且咖啡杯在使用的前后都需要清洗，所以他每天必须要花20分钟来准备。"

"而他平常工作每小时的薪资是120元，换句话说，他用20分钟的时间来准备咖啡，就相当于是40元的薪资。请问大家，当你爸爸把这杯挂耳式的咖啡喝进口中的时候，他到底花了多少的成本，才喝到这杯咖啡？"

旭凯问完之后，同学们愣在那儿，又突然恍然大悟，也几乎是一起给出了答案："44元。"

"应该不止吧？"旭凯不满意地追问着。

"对，还有泡咖啡的开水。"

"煮咖啡的燃气！"

"还有清洗咖啡杯的自来水和洗洁精！"

同学们一下子似乎从沉睡中清醒了过来，了解了老师所说"成本"的意思。这时候，大家才看到旭凯露出了满意的笑容。

"所以，大家还觉得，商品的价格就是我们取得它的成本吗？"旭凯问完之后，大家头摇得跟拨浪鼓一样。

"如果你家的楼下，同时有星巴克和便利店，你爸爸走路不到5分钟，就可以买到星巴克或便利店的咖啡。这个时候，如果他纯粹是为了省钱，而决定自己花20分钟来冲泡挂耳式咖啡，你们说，就成本的比较而言，到底是值得还是不值得？"旭凯问。

"不——值——得——"大伙儿几乎是扯着喉咙回答。

"我想，通过这样的例子，大家可能就比较有感觉，商品的价格未必就是我们取得它的成本。除非我们在取得商品的时候，不需要额外付出任何其他的时间或者是资源。要不然，我们取得商品的成本，就应该包含为它付出的'所有代价'。"旭凯说到最后这四个字的时候，还特别放慢速度、加重语气。

谁来扫才划算？

"好，那我们接下来试着把它放在我们生活当中来做应用，老师提出一个问题让大家思考。假设你们家要打扫房间，而摆在你们眼前的有三种不同选择，它们分别是：

1. 找清洁公司打扫，每小时160元。

2. 爸爸或妈妈打扫，他们平均每小时在公司的薪资是120元。

3. 你自己打扫，通常你帮爸爸妈妈做事，他们每小时会给你40元。

"请问，到底谁打扫比较划算？"

旭凯说完问题之后全班一阵哗然，尤其是最爱搞怪的小毛又抢先发言了："老师，您该不会是我们爸爸妈妈派来，要我们乖乖回家打扫房间的'说客'吧？这么简单的问题，一听之下就知道，我们打扫房间的价格40元是最便宜的，当然也就是最划算的。唉，小孩真可怜，不会赚钱，就只能充当便宜的清洁工。"说完之后，他两手一摊，又逗得全班哈哈大笑。

"哦？真的是这样子吗？小孩打扫真的是比较划算的吗？"老师没有回答，反而加强语气继续问同学们。

"好像不对哦？"祺纬第一个提出了疑问，"老师刚才说：'价格并不等于成本'，前面老师说的三种不同选择，告诉我们的是每个小时的价格，并不是我们把房间打扫干净要花的成本。如果我们要确定到底选择谁比较划算的话，应该看花多少成本才对。"

老师听完祺纬的分享之后，满意地点点头。全班的同学好像也突然理解了什么，大家睁大了眼睛，也一起频频点头。

"老师，专业的清洁人员、爸爸妈妈，和我们小孩，打扫房子的时间应该是不一样的吧？"珊珊紧接着问老师。

旭凯哈哈一笑后接着说："你们终于了解问题的核心和本质

了，那我接着再把更多的问题情况告诉你们。假设所有的清洁用品和清洁工具，都是我们自己提供，也就是说三种选择，这部分的成本是一样的。但是要把家里打扫干净，三种选择各自的时间是不一样的，清洁人员打扫只要1个小时，爸爸妈妈要3个小时，而你们需要6个小时，这时候，你们觉得哪种选择比较划算？"

"清洁人员的成本是1小时160元，爸爸妈妈是3小时共360元，而我们是6小时共240元，所以，还是找专业的清洁人员比较划算，因为成本最低。"心算超快的琪琪第一个抢答，而其他完成计算的同学也纷纷点头附和，同意她的结论。

"没错，说得太好了。"旭凯边说边鼓掌，而全班同学也一起鼓掌。

"相信通过今天的学习，大家对'价格和成本'的差别会有更深刻的认识，这也可以让我们再次思考'便宜的东西不一定是最好的'这句话的实际含义。因为'便宜'这两个字，是看得到的'价格'，但是真正影响我们或是我们想要的，是要选择划得来的'成本'。"

旭凯在下课钟声响起的同时，也给全班同学分享了简洁有力的结论。

价格与时间成本

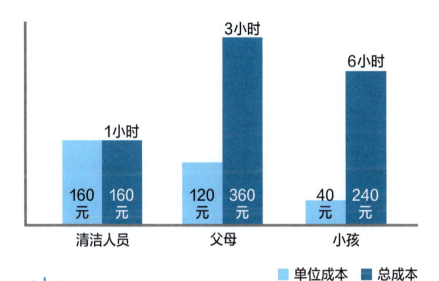

| 清洁人员 | 父母 | 小孩 |

■ 单位成本　■ 总成本

不能看单位成本，要看总成本。

思考时间

1. 就这一堂课所提供的例子而言，"同学们回家自己清扫家里"，除了时间比较长、看起来的时间成本比较高之外，还有没有其他我们看不见的成本，会高过专业的清洁人员非常多？（可以从使用清洁工具、用品的熟练度、用量、安全性，以及可能造成的损坏等方面来思考）

2. 不管我们是学乐器、学舞蹈，或是其他各种不同的技能，比较好的老师，每小时的学费"价格"都非常高。我们能不能用今天学到的"价格和成本"的观念，来解释到底是找价格高的老师，还是找价格便宜的老师比较划算？

13

■ 税收，到底是什么？

我赚的钱不全是我的？

▶学习重点

1. 个人或公司缴税才能够让政府正常运转

2. 了解税收的种类

3. 个人或公司缴税越多收入就越少

"今天我们来谈一个看起来很大，但事实上跟我们每一个人都有关系的话题。"旭凯喝了一口咖啡之后，继续对着班上的同学们往下说。

"老师又在卖什么关子？"台下几个同学笑嘻嘻地窃窃私语。

"我们每一个人都要花钱，每一个家庭都要花钱，每一个公司都要花钱，甚至政府也都需要花钱。政府，就是一个看起来很大，但是和我们每一个人都有关系的主体。说了这么多，老师要请大家讨论的第一个问题就是，想想看在你印象当中，政府到底有哪些地方需要花钱？"旭凯一问完之后，就看到台下的同学跃跃欲试地准备回答。

"像我舅舅是军人，他们的薪水都是政府支付的。"

"我们每天看到的警察叔叔，不管是在路上指挥交通，或者是抓坏人的，也都是政府付钱给他们。"

旭凯很赞许地频频点头。"还有像机场、火车站、铁路、高速公路的建设，都是政府要花钱的。"玮霖最后一个发言。

钱从哪里来？

旭凯听完大家的分享之后，接着又问大家："既然政府在这么多地方都需要花钱，而且看起来花的钱也非常多，那么这些钱到底从哪里来呢？"

政府有哪些支出

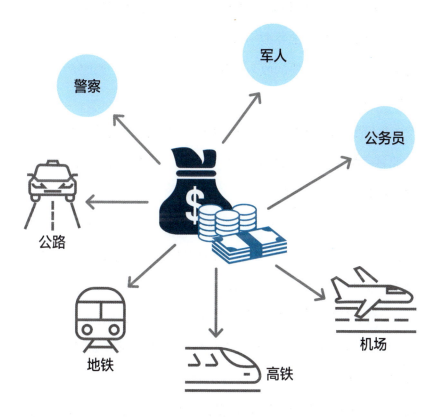

"像我爸爸上高速公路都要缴'过路费'，所以他缴的这个费用，就会变成政府的收入。"

"还有政府收到的罚款啦！像我爸每次乱停车，或者是一不小心超速，都会收到罚单，每次我妈妈收到之后，都会很生气，说如果我爸爸钱这么多，想要付给政府的话，还不如直接付给她比较实在。"琪琪说完之后又引来大家一阵哄堂大笑。

"还有就是我们要缴的'税'吧？不管是我们赚的钱，还是公司赚的钱，我们都要缴一部分给政府，也就是税。我妈妈说，这部分是政府很重要的收入来源。"说话的婷玉，妈妈是知名会计师事务所的合伙人。

"不管是买票的收入也好，乱停车或超速的罚款也好，以及我们每一个人都需要缴的'税'也好，这些都是政府的收入来源，也就是政府赚钱的方式。"旭凯说。

"如果你是因为乱停车或超速交罚款，这不是我们想要看到的，也不是政府想要的收入。政府希望通过罚款，让我们不再做出类似的行为。"旭凯继续说。

"而'税'，就是老师今天特别要跟大家讨论，并且要大家特别关注的一种政府收入方式。换句话说，政府如果要花钱，就必须要有钱、有收入，而这笔钱有很大一部分就来源于税收。由此可见，税收对政府有多么重要。"旭凯放慢速度，强调"税"是这节课的重点。

税分成哪几种？

"有没有同学能够试着说说，你们或父母在生活当中，可能要缴的税有哪些？"旭凯问。

"我们平常买东西吃东西，除了支付厂商价格之外，在发票上面都还会额外加税。爸爸妈妈赚的钱，都还要付给政府个人所得税；房子也要缴房屋契税，汽车也要缴车辆购置税和车船使用税。"婷玉不愧是会计师的女儿，一口气滔滔不绝地分享了各种不同的税。

"婷玉说得实在是太好了。"旭凯鼓励地说，继而又问大家，"既然税对于政府的收入特别重要，那么对于个人或家庭而言，到底是应该多缴好，还是少缴好呢？"

"当然是越少越好啊！因为如果我们缴的税多，就代表自己留下的收入变少了，这对于家庭的财富来说，反而不是一件有利的事情。"婷玉不加思索地回应。

"我们家汽车换比较小一点的，除了省油钱之外，也可以少缴一些税。我爸妈说，省税就是省钱。"

常见个人需缴的税有哪几种？

所得税

车辆购置税
车船使用税

房屋契税

"没错！省税就是省钱。"婷玉跟着强调。

"是的，虽然税收对于政府非常重要，但对个人或家庭来说，缴税就是'费用的增加、收入的减少'。所以，怎么样能够合法合理地省税，就是省钱和累积财富的重要做法之一。当然，怎么样节省税的支出，有非常多的方法，也是门很大的学问。"旭凯的总结和随之而来的下课钟声，让所有的同学对下一堂课充满了期待。

思考时间

1. 上网查查看,"税收种类"有哪些?哪些税收占的比例比较高?

2. 回家和爸爸妈妈讨论,家里每年缴的税,占家里所有收入的比例有多高?

14

■ 有钱，不只赚钱更要存钱

很会赚钱就会很有钱吗？

▶学习重点

1. 了解"时间赚钱"和"金钱赚钱"的差别

2. 理解"赚钱"和"有钱"之间的差别

旭凯今天端着一杯刚泡好的热茶，缓缓地走上讲台，然后不疾不徐地问大家："请问大家未来想不想赚钱、赚大钱？想赚钱的请举手。"

"想！"全班几乎是异口同声，而且每个人的手都举得老高。大家都还猜想，老师今天是不是不上课，要带大家去打工赚钱了。

"好，那大家来说说，未来大家打算怎么赚钱，怎么来赚大钱？"旭凯问。

你想要怎样赚大钱？

"我想要当医生，而且是医美的医生，听说他们的收入都非常高。"

"我想要去高科技公司上班，就像台积电一样的公司，听说他们的员工福利薪水都很好。"

"我不要去台积电上班，但是我要像我爸爸妈妈一样，买台积电的股票。他们买台积电的股票，就是一种投资，这样就可以赚很多的钱。"

"我想要自己创业，做生意卖东西，请很多人帮我工作，这样就会有更多的人帮我赚钱。"

"我要买房子然后租给别人，当房东包租公，这样我什么事情都不用做，就算一天到晚无所事事，也有钱可以赚。"最后说话的又是爱搞笑的玮霖，说完之后又把大家逗得乐不可支。不过看到旭凯点头称赞的神情，对玮霖的回答还是非常肯定的。

大家说完之后，旭凯接着说："听到大家说赚钱的方式，都非常有自己的想法，也非常有创意。通过大家的分享，或许可以感觉得到，赚钱方式大概可以分成两种：一种就是你必须花自己的时间去工作，你才有办法赚到钱，不管是当医生，又或者是去高科技公司上班也好，如果你不去帮病人治病，又或者是请假不去工作，那你就没有钱或被扣钱，这种通常我们就叫作用时间赚钱，或者又说是'主动收入'。

"另外一种就是用你赚来的钱再去帮你赚钱，譬如说你拿钱去买大公司的股票，又或者你拿钱去买房子租给别人，这个时候你就算不去工作，你用钱所买的股票或者房子还是可以帮你继续赚钱，通常这种我们就叫作用钱赚钱，或者又说是'被动收入'。"

旭凯说完立刻问大家："听完之后，大家有没有觉得比较想要哪一种赚钱方式？又或者说哪一种的收入呢？"

"当然是用钱赚钱！"

"我想要被动收入！"

"我还是想要去当医生！"

"我也还是想去公司工作看看，累积一些经验。"

虽然很多同学都希望能够选择用钱赚钱，又或者是有"被动收入"；但是还是有很多同学，希望去做自己喜欢的事情，找自己喜欢的工作去投入。

旭凯笑着告诉大家："每个人的答案都很好，虽然用钱赚钱是一种看起来比较轻松的方式，但是如果能够找到自己喜欢投入的工作，认真去过生活、创造自己的价值，也是非常值得的事情。

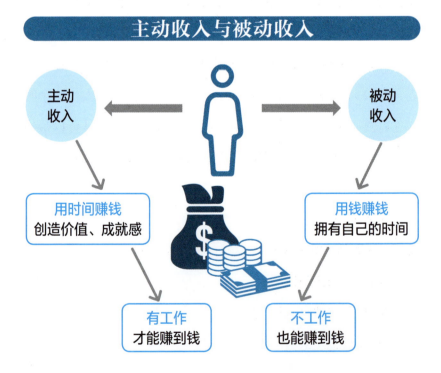

"既然大家都认为赚钱很重要，也知道赚钱主要分成两种不同的方式，即用时间赚钱和用金钱赚钱。那么我们常常说一个人很'有钱'，是不是就代表着他很会'赚钱'呢？或者，老师问你们，如果一个人很会赚钱，是不是就一定代表他很有钱呢？"

很会赚钱跟有钱一样吗？

旭凯问完这句话之后，听到有些同学小声地说："很会'赚钱'，应该就是很'有钱'吧？"但是也听到有些同学交头接耳地说："每次老师这样问，就代表答案一定没有这么简单。"

旭凯听到同学们的回答，也露出了一抹诡异又俏皮的微笑。

看着同学抓着头皮、绞尽脑汁的样子，老师也忍不住给了大家一点提示："会赚钱，也就是会一直让钱流进来，跑进你的口袋，跑进你银行的账户里；而很有钱，就是不让钱随便流出去，跑出你的口袋，跑出你的银行账户。"

一说完这个提示，琪琪立刻回答："很会赚钱，不一定就很有钱。就像我看过新闻，说很多大明星赚钱非常多，但是他们生活非常奢侈，花的钱比他们赚的钱还要多。所以，后来很多大明星不仅把赚的钱都花掉了，还欠了银行很多钱。像这种赚得多，但是花得更多，就是很会赚钱，结果最后却没有钱。"

"我的舅舅其实也是这样子，他之前的餐厅生意做得很大，赚了很多钱，可是我妈妈说舅舅不太会把钱存下来，他每次只要一赚钱之后，就会找很多朋友去喝酒、把钱花掉，有的时候还会跑去赌博。结果，他花的钱比赚的钱还多。最后，连餐厅员工的薪水都付不出来，只好把餐厅给卖掉了。所以钱赚得多，如果不会把钱省下来，到最后还是会没有钱的。"木讷的振豪难得侃侃而谈表达自己的看法，旭凯也点头表示称许。

"我要说一个比较相反的案例，就是我妈妈的经历。我爸爸是一名军人，在我很小的时候就过世了，而我妈妈是家庭主妇，原来没有任何工作经验。在我爸爸过世之后，政府给了一笔抚恤金，我妈妈就把它存在银行里面，用它的利息来支付我的学费，然后她自己去打工上班，甚至去做业务员卖保险，来支付我们家平常生活的开支。虽然我妈妈不是很会赚钱，但是她非常省吃俭用，尽量把所有的钱都存下来。现在我们不仅有自己的房子，还有自己的车子，虽然也不是特别富有，但在别人的眼中，也算是有钱的人家。"说话的好庭虽然娇小却很独立，听她娓娓道来，也可以体会是什么样的环境塑造了她如此成熟的性格。

听完了大家的分享，旭凯露出非常满意的神情，然后对大家说："大家说得都很好，赚钱当然非常重要，如果有能力有机会赚很多的钱，更是非常不简单的事情。但是我们要特别谨慎的是，千万不要因为赚钱多就养成了多花钱的习惯，尤其是没有节制地让花出去的钱比赚进来的钱还多。否则，到最后，就算你赚得多，你还是不会成为一个有钱人。"

听完老师的总结，所有同学都心领神会地点头认同，这一堂"赚钱"到"有钱"的知识分享之旅也圆满结束了。

思考时间

1. 想想看，你未来想要做什么样的工作，或者说想要怎么赚钱？你的这种赚钱方式，是属于用时间赚钱，还是用金钱赚钱？

2. 和家人一起讨论，你们家每个月赚进来的钱（"收入"）比较多，还是花出去的钱（"花费"）比较多？看看这样的结果，你们家是会越来越有钱，还是会越来越没钱？对于未来应该怎么赚钱，又应该怎么花钱，你有什么建议？

15

■ 存钱，不只决心更要方法

存钱不是靠意志力？

▶学习重点

1. 了解"钱越多，越想买"的心理倾向

2. 学习培养"先存钱，后消费"的习惯

旭凯走上讲台，用粉笔在黑板上写下了四个大字——"意外之财"，然后转身问大家："有没有人能够举出上面这四个字的例子，来和大家分享一下？"

"老师，这四个字太简单了吧？意外之财，就是我们没有预期到，但是突然就让我们得到的钱财。譬如说，今天早上我上学的时候，一进校门就捡到1元的硬币，这就是我的意外之财。"少安抢先回答老师的问题。

"我老妈如果偷偷发现我老爸的私房钱，开心之余说不定就会分一点好处给我，这个时候我拿到的钱，就是我的意外之财。"小毛说完之后，又把大家逗得乐不可支。

"还有就是我们会去买大乐透，或者其他彩票。如果不小心中了奖，那么这个就是意外之财。"

"那天听我爸爸说，好多公司受疫情影响，生意都不太好，但是我爸爸的公司却赚了很多钱，所以在去年年底的时候，公司所有员工都拿到了非常多的奖金。我爸爸说在这个时候发奖金，对他们所有同事来说，都是一笔意外之财。"

"股票市场也是一样啊！我外婆一直以为最近经济不景气，她投资的股票一定会跌，但没有想到，她投资的股票，全部大涨，这些股票赚的钱，对她来说全都是意料之外的，所以也可以说是意外之财。"

意外之财怎么用？

旭凯没有想到区区四个字，竟然引起了大家这么大的回响，也忍不住露出了微笑。接着，旭凯又抛出了第二个问题："当你们或你们的家人获得意外之财，也就是突然多出了一笔钱的时候，你们会怎么处理这笔意外收入？"

"先去大吃大喝一顿啊！"

"肯定是要去庆祝一下的，不管是大吃还是小吃，反正总是要花个钱，开心一下嘛！"

"我妈肯定会拿我爸的私房钱，跑去买她喜欢的鞋子或者包包。"

"像我爸就打算换掉他的旧车，买一辆他梦寐以求的宝马，这个应该是他最大的梦想吧！"

"带全家去旅游啊！这个时候压力大，既然有了意外之财，就好好出去玩一玩，解压一下是最值得的事情了。"佳宜振振有词地说。

"我要把它存起来，等到我需要用的时候，或者是我特别想要买什么东西的时候，再把它拿出来用。"芳欣是少数几个说要把钱存起来的同学。

几个调皮捣蛋的男生睁大眼睛望着芳欣，小毛马上说："我们班以后最有钱的可能就是你，如果将来我没有钱，你可要收留我好好照顾我喔。"说完之后又是一阵哄堂大笑。芳欣也忍不住噘着嘴，朝小毛做鬼脸。

这时候旭凯继续说："虽然老师用'意外之财'来让大家讨论，但是实际上不一定是意外之财。当我们身边钱比较多的时候，譬如你爸爸妈妈开始给比较多的零用钱，又或者是你利用假日暑假去打工，赚了一些钱，这个时候，我们大多就会倾向'多花钱'。就像刚才大家讨论的情况一样，大多数人在钱变多的情况下，都会把钱拿去消费，反而只有少数人会想要把它存起来。这种身边的钱一旦变多，就会花更多的钱奖励自己、犒赏自己，是很普遍的一种心理状态，也是让我们赚得到钱却不容易有钱的原因。"

同学们听完老师的话，都心有戚戚焉地点头表示赞同。

然后旭凯接着说："或许有些同学会说，我又不一定会把钱花光，只要先拿去吃吃喝喝、买我喜欢的东西，剩下的钱，我一定会把它存起来。其实，如果要养成存钱的习惯，可以有两种方式。一是有了钱之后，先把其中的一部分存起来；二是等花钱买完你们想要的东西，再把剩下的钱存起来。那么老师再问大家一个问题，你们觉得这两种方式中，哪一种比较容易把钱真的存下来？"

哪一种方式，比较容易把钱存下来?

1. 有钱之后，先把其中的一部分存起来。

2. 等花钱买完你们想要的东西，再把剩下的钱存起来。

意志力不管用

"应该是第一种方法吧！"

"我觉得是第一种方法。"

"先把钱存下来好像比较好，因为用剩下的钱来花就不会动用已经存起来的钱。"

"当然是第一种方式啰，如果要等我买完我想要的东西，那大概就是把钱花光光了。"

"我妈妈就是用第一种方式来存钱的，她每次拿到她和爸爸的薪水之后，都会先把十分之一的钱存起来，就算是领年终奖金，或是别人邀请她演讲赚到的讲学费，她也都是这样做。譬如拿到10000元，就赶快先把1000元存进银行里去。我妈妈说这样才能够真正存下钱，不会把钱乱花掉。"琪琪分享妈妈存钱的经验，几乎是把所有同学的分享做了一个最好的总结。

旭凯回应说："琪琪说得非常好。就像同学们刚才讨论和分享的，我们在消费的时候，很容易出现'钱多多花、钱少少花'

的情况。换句话说，也就是当我们手边资源很多的时候，我们就很容易随便把它消耗掉，或者说把它浪费掉。反而是当我们手边资源很少的时候，我们才会认真地去省吃俭用。这也就是为什么'先存钱，后消费'会比较容易把钱存下来。

"因为当我们把钱先存下来之后，这个时候你会感觉到，自己可以用的资源变少了，自然而然就不会大手大脚地把钱花光。就算你花完了手边的钱，也只不过是你自己可以'允许'你花钱的最大范围。毕竟，你早就已经把一部分的钱列为'不可动用'，预先存起来了。

"所以，存钱千万不要靠自己的意志力。意志力不管用，这种先存钱的小诀窍才是把钱留下来的必胜法宝。"

听到"意志力不管用"这几个字，全班同学都会心地笑了。

思考时间

1. 回想一下，你有没有突然多出一笔钱的经验? 当时你是怎么处理的? 是存起来、拿去花掉，还是另有用途?

2. 这堂课中说拿到钱之后先把它存起来，你觉得存多少会比较好? 是十分之一、五分之一，还是二十分之一? 为什么? 存越多一定越好吗?

_____
_____
_____
_____
_____
_____
_____
_____
_____
_____
_____

洞察
正确财务思维

16

■ 资产，穷人陷阱富人法宝

车子到底是资产
还是负债？

▶ 学习重点

1. 资产的本质，是"现金流入"

2. 负债的本质，是"现金流出"

3. 致富就是不断累积"资产"减少"负债"

一大早阳光明媚，旭凯踏着轻快的脚步走上讲台之后，用粉笔在黑板上写下了大大的两个字——"资产"，还在旁边写下了英文Asset。一时间，同学们误以为这是要准备上英文课了。

结果就听到旭凯接下来的问题："我们常听别人说，拥有的东西就是'资产'，那么请大家举出一些生活当中你觉得是资产的案例。"

话音刚落，同学们就开始热情地抢答：

"我的手机、计算机应该都是资产吧！"

"房子，还有汽车。"

"家具、空调，还有锅碗瓢盆、洗衣机。"

"我们家的狗狗、猫猫。"

"外公外婆家的农田应该也算是资产。"

"我们家住的房子，还有三间租给别人住的房子，这些也算是资产吧？"祺纬说完之后，大家一阵起哄。

"天哪，祺纬，以后你都不需要工作了，只要拼命做包租公就可以了，实在是太好命了。"大伙儿趁机开着玩笑，一下子气氛轻松不少。

"爸爸妈妈说，他们买的股票和基金，是他们的重要资产。当然，存在银行里面的现金也是资产。"安琪认真地说。

听完同学们的交流之后，旭凯并没有回答大家的答案是正确还是不正确，反而继续抛出了第二个问题："不管这些资产，也就是我们拥有的这些东西，是花钱买的，还是父母或朋友送的，我们拥有这些资产的'目的'是什么呢？"

什么才算资产？

"应该是要让我们生活过得更好吧？就像要有衣服穿才不会冷，有鞋子穿脚才不会痛，所以，拥有像衣服和鞋子这样的资产，就可以让我们生活过得比较好。"

"对啊，像是夏天就需要空调和电风扇，要不然我们就会被热死。而且电冰箱也非常重要，有了它，食物才可以放久一点而不变质。洗衣机可以帮助我们快速地洗衣服，这样我们就可以把时间花在其他事情上面。"

"或者是要帮助我们工作，还有上学的工具，譬如说电脑、手机和平板电脑等。"

"另外，资产可以帮助我们赚钱，就像把空房子租给别人，或是像股票基金的投资赚到钱。还有我爸爸说，钱也是资产，把钱存在银行里，也可以赚取利息的收入。"

大家的分享告一段落之后，旭凯对着全班同学说："如果我们认真看待所有'拥有'的东西，应该都是对我们生活有用的，就像大家说的，是对生活有帮助、会让我们过得更快乐且必要的事物。想想看，如果我们没有衣服、鞋子，没有锅碗瓢盆，所有的工具都要自己制作，也没有洗衣机洗衣服，那么每天要花多少时间去制作这些工具？如果是这样，又怎么可能有时间去上班赚钱，创造更大的财富？

"所以，老师要告诉大家一个很容易记住的概念：资产，在本质上就是要帮我们赚钱的。而未来，如果要判定任何你拥有的东西到底是不是一个真正的资产，你只要看看它是不是可以持续地把钱或者是现金从其他的地方转移到你的口袋里面。

"如果有任何东西，可以帮助你把钱和现金从其他地方转移到你的口袋里面，那么它就是'真正的资产'。如果不是的话，换句话说，就是你拥有的这个东西会持续不断地把钱从你的口袋里面拿出去，那么这个东西对你而言就是'负债'，而不是资产。"

这是资产还是负债？

"听到这里，同学们大概会有一个基本概念，就是一个人要想有钱，只要拥有更多的'资产'即可。反之，如果要让一个人越来越穷的话，那么最简单的方式就是拥有非常多的'负债'。"说到这里，旭凯故意停了一下，喝一口水，顺便让同学们思考一会儿。

"接下来，老师举个例子，让大家思考一下这个东西到底是资产还是负债。"旭凯继续说，"打个比方，我现在买了一辆电动车，花了20万元。但是因为我没有太多的现金，所以我向银行贷款，也就是向银行借钱买车子。在买完车子之后，我每个月必须支付银行6000元钱。而我这辆车子纯粹就只是开着好玩而已，其实使用的机会也不太多。那么请问，我买的这辆车子，到底是我的资产，还是我的负债？"

负债或资产

	负债		资产	
房屋	每月贷款	4000元	每月贷款 每月租金收入	4000元 6000元
	净现金流出	4000元	净现金流入	2000元
汽车	每月贷款	2000元	每月贷款 每月开网约车收入	2000元 6000元
	净现金流出	2000元	净现金流入	4000元

"这辆电动车是老师的负债。"琪琪举手说。

"为什么？"旭凯问。

"因为它每个月让老师的钱一直流出去，老师会越来越穷，所以就是老师的负债，而不是资产。"

"非常好。"旭凯对琪琪举起大拇指比了一个大大的赞。

旭凯继续说："那如果有一天，老师突然决定每天开着这辆电动车去赚钱，譬如说当网约车司机，每个月赚到的钱，扣掉6000元付给银行的钱，还有加油、过路费、停车费，最后还可以净赚4000元左右。这个时候，我的电动车是我的资产还是负债？"

"是老师的资产。"全班同学几乎同时回答。

"为什么？"旭凯又问。

"因为车子每个月都会帮老师赚钱，让老师有多余的现金流入啊！"同学们七嘴八舌地讲着同样的话。

旭凯很满意地直点头，然后对这堂课的内容进行了总结：

"所以通过今天的课程，老师要分享两个在你们未来人生当中非常重要的观念：

"1. 我们所拥有的东西，如果可以一直把金钱从其他地方流入我们的口袋，那它就是资产；如果这东西会一直把金钱从我们的口袋给拿出去，那么它就是负债。

"2. 如果我们的资产越来越多，我们就会越来越有钱；如果我们的负债越来越多，我们就会越来越穷困；所以累积真正的资产，才是致富的关键。"

思考时间

1. 问问爸妈或看看自己的家里，在过去一年，曾经买过的"资产"有哪些？这些"资产"帮你们家过去一年赚了多少钱？

2. 回家看看，你们家有哪些"你以为是"资产，事实上是一直让你家的钱流出去的"假资产、真负债"？（例如没有帮你们家赚钱，还要负担贷款的车子、房子）

_____

_____

_____

_____

_____

_____

_____

_____

_____

_____

_____

_____

17

▶学习重点

1. 用到再"使用"比用不到的"拥有"来得划算

2. 买"资产"的钱就不能再用来做其他的"投资"

3. "租"比"买"有时更有弹性，还可随机应变

天气有点微凉，但是从窗外远处林荫传来的芬多精味道，让空气异常清新，也让教室里的老师和学生都感到心情很舒畅。旭凯站在讲台上，像聊天一样，靠着身后的黑板，很轻松地问大家："你们长大之后，想要自己买一辆轿车，还是想要搭乘出租车或网约车？当然，有些同学会说公交车或地铁更便宜，但是老师讲的是，如果自己开车和随时打车一样方便的话，你们会比较想要选择哪一样？"

"我想要一辆自己的车，我觉得车子就像是一个人的个性一样，要非常酷，一开出去别人就会很羡慕我。"阿烈是个车迷，最爱研究各种车子、品牌，梦想就是在考上大学的时候，就能够拥有一辆自己的车。

"如果叫出租车很方便的话，我可能还是以出租车或网约车为主吧！毕竟一开始工作可能自己的薪水还不是很多，也不一定有钱买车。"祺纬分享他的看法。

"我会想要自己买车，但可能买的不是轿车，而是房车。因为我非常喜欢和爸爸妈妈出去旅行，如果未来我有一辆自己的车，我希望能够每个周末都开车去不同的地方玩。这样不但方便、机动性高，而且自己的车子比较熟悉，安全性也比较能够掌握。"俊彦从小就习惯和爸妈开车出去旅行，所以看得出来，他买车的目的不仅仅是代步，反而是更像休闲娱乐的需求。

"我应该不会买车，而会叫出租车来代步，当然其中一个原因，是我爸爸告诉我，未来可能所有的车都会变成自动驾驶。到那个时候，叫车的方便程度，应该会比自己开车的方便程度还要高。毕竟开自己的车，就一定要回家才能够开，但是计程车或者是网约车，随时都可以叫。

"还有另外一个原因，就是我想把钱先存下来。因为买一辆车，一下子就要花很多钱。但是叫出租车，就是慢慢地花钱，需要用到的时候再叫就可以了。这样我就不用一下子把钱全都拿出去买车。说不定这些钱还可以拿来投资，帮我赚更多的钱。到时候我可能就可以买更好的车，或更多的车了，哈哈。"少安不愧是班上精打细算的学霸，不仅考虑了未来无人驾驶车子的趋势，也把投资理财的概念都放入了决定的范围之内。

买车、叫车、租车比一比

旭凯直了一下腰之后，对大家说："每个人的分享都非常好，不管是要自己买车，或者是临时叫出租车、网约车，大家可以站在方便、安全、目的、兴趣、省钱等各个不同的角度来思考。那今天呢，我们假设在方便、安全、喜好都相似的前提下，简单来看看，从'理财'或者是'经济'的角度而言，买车和叫车、租车会有什么样的差异?"

接着，旭凯把大大的一张投影片放映在黑板旁的布幕上面，显现的是两个鲜明的图案，右边是一张我们熟悉的小黄，也就是出租车，而左边则是一辆高档的名牌轿车；然后在出租车的下面写下一个数字"60元"，在名牌轿车的下面也写下了一个数字"60万元"。

然后旭凯就问大家："如果不考虑我们买车之后还要花所谓的油钱、过路费、维修费、保险费、汽车燃料税等额外的费用，假设就这一辆轿车，价格60万元，换算成我们每打一次出租车，平均是60元。那么请问，这一辆轿车，可以让我们打多少次出租车？"

"一万次！"所有的同学都异口同声地回答，看来旭凯是故意设计这么简单的计算题。

"嗯，大家的心算都非常快。"旭凯笑着说。

"如果每天都打一次60元的出租车，这一万次的出租车可以让我们坐多少年？"

"27年多。"好多同学似乎都猜到了老师要问的问题，几乎是同一时间说出了答案。

"好。"旭凯继续说，"大家的回答都很准确，接下来老师变换几个数字来问大家，然后你们抢答。答对的同学，下课之后老师请你喝饮料。"说完之后，台下的同学一阵欢呼，然后大家跃跃欲试准备抢答。

旭凯："如果60万元的轿车换成20万元，那么每天打60元的出租车，可以打几年？"

子齐第一个抢先回答："9年。"

旭凯："如果同样60万元的轿车，但是每天打出租车的钱变成120元，那么可以打几年？"

琪琪也不甘示弱地抢答："14年。"

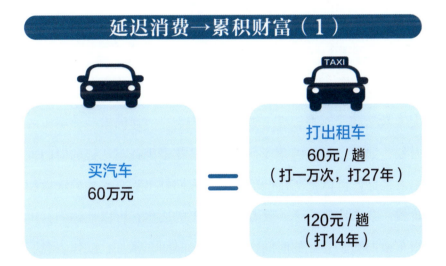

延迟消费→累积财富（1）

买汽车
60万元

＝

打出租车
60元／趟
（打一万次，打27年）

120元／趟
（打14年）

延迟消费→累积财富（2）

买汽车
20万元

＝

打出租车
60元／趟
（打3000次，打9年）

用财务观点来思考

　　一轮抢答过后，旭凯停了一下对大家说："老师并不是要考大家数学题，而是假设大家纯粹是因为'交通因素'要买车的时候，如果以财务的角度，又或者是花多少钱与花钱的时间点来看，你们可以把买车的价钱，和你们打出租车平均的次数和价钱，拿来比较一下，看看买一辆车的成本，可以让你们打出租车或网约车几年的时间？如果这个时间非常长，就代表我们等于先把未来要消费的钱'提前'支付了。

　　"而且如果提前支付得越久，就代表原来这个钱在我们身边可能可以更有价值的。但是因为提前支付掉了，所以就不能用这笔钱来帮我们赚钱，或者说帮我们增值了。"

看着同学们有点困惑的表情，旭凯补充说："或许大家可能还不是很理解，那么我举个例子给大家。就拿刚才用60万元买车这个例子，如果每天只打一次60元的出租车，那么就同学刚刚计算的结果，我如果不把60万元拿去买车的话，我可以每天打出租车27年多。

"如果简化我的计算，假设我把60万元拿去投资，每一年的报酬率只有3%，也就是每一年投资20元赚0.6元，那么把60万元放进去投资27年之后，大家猜猜看，或者知道的同学就用'复利'来计算一下，到最后会变成多少钱？"

"老师，133.2万元！也就是把60万元乘以1.03的27次方，就是133.2万元，为原来的2.22倍。"珊珊很快地说出了答案。

$$60万 \times (1 + 3\%)^{27} = 133.2万（元）$$

"没错，就是133.2万元。"旭凯说，"所以大家可以看到，如果你用打出租车的方式，也就是让你消费的时间，和你花费的时间互相配对，而买车的意思，只是把你未来的花费提前支付。而这个提前支付的金钱，如果你用来投资，也就是用钱来赚钱的话，时间越长，价值就会越高。"

"这堂课，老师要跟大家分享三个非常重要的概念，希望大家未来在购买'高价资产'的时候，譬如买车子或买房子，可以当作一个参考：

"第一，我们'使用'资产，不代表一定要'拥有'那个资产。尤其是我们使用的频率不是很高，又或者不确定会不会一直使用的时候。

"第二，当使用频率不高，我不确定是不是会一直使用资产的时候，我们可以用'租'的，而不是用'买'的。这样既少花钱，又可以比较有弹性，就像出租车就是用租的意思，而轿

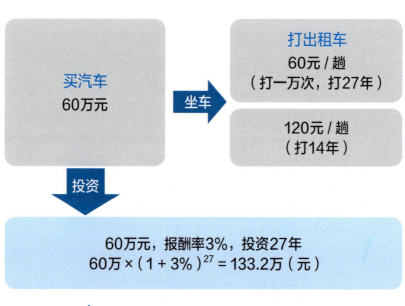

车就是买的意思。

　　"第三，如果用买的钱非常多，转换成租的方式可以对应很长时间，那么用租的，把这笔钱放在自己身边，找寻好的投资方式，用钱来赚钱，或许能帮自己增加致富的机会。"

思考时间

1. 以自己家住的房子为例，如果是用买的，大概是多少钱（假设买价是A）？如果用租的，每个月租金大概多少（假设租金是R）？那以买的价钱来租这栋房子，可以租多少年（假设租期是Y）？

2. 承上题，如果用上面房子的买价（A）拿去投资，年报酬率是3%，用"复利"计算，经过上面假设用租的"租期"当作投资的期间（Y），最后这个投资会变成多少钱？$\left[算式 = A \cdot (1 + 3\%)^Y \right]$

18

■ 借钱，也有可能变成好事

绝对不可以跟人家借钱？

▶学习重点

1. 为了"吃喝玩乐"而借钱不是一件好事

2. 为了"赚更多钱"而借钱就会是一件好事

3. 借钱最重要的事是要"守信用""准时还钱"

上课钟声刚响，伴随着叮叮当当的乐音，正巧窗外有几只麻雀也叽叽喳喳地叫个不停，好像是一起在和声伴唱一样。旭凯轻松地望了一眼窗外，喝了一口茶，似乎也在等着同学们沉淀一下准备上课的心情。

"同学们，大家有没有'借钱'的经历？"旭凯一开口就问了一个有趣的问题。

"有啊！"

"当然有啊！"

"肯定有。"

"我刚刚下课才向家荣借钱去便利店买东西吃。"

"我每天都在向我姐姐借钱……"

"我都是向爸妈借，但是借了常常都不还。"又是调皮捣蛋的小毛，说完之后搞得大家哈哈大笑。

就这样七嘴八舌的，全班大多数的人都有过向别人借钱的经历。就算没有借钱的经历，也都知道借钱是怎么回事。

"如果向别人借钱，是不是一定要还呢？"老师问。

有借当然要有还

"当然要还啊！"全班几乎异口同声地说。

"人家又不是把钱送给你。"

"向人家借钱当然要还啊，要不然人家以后就不借你了。"还有几个同学，在台下补充了自己的看法。

"那大家有没有借钱给别人，然后别人没有准时还你钱，又或者到最后根本没有还你钱的经历？"旭凯问。

"有啊！我弟弟就常常向我借钱之后就忘了还，然后我每次向他要的时候，他就耍赖，好像一副根本就不记得的样子，真的很欠打。"祺纬忿忿不平地说着。

"通常我只敢借钱给我比较好的朋友，或是比较好的同学，而且都是可能大家临时忘了带钱却要买零食，又或者是要买午餐的时候。所以大概都是第二天就会把钱还给我了。"晴芬说道。

"我自己没有这样的经历，但是之前我妈妈曾经借钱给她的朋友……其实我妈妈平常不太借钱给别人的，但是因为她朋友说真的有困难，而且只要一个月就可以还钱，所以才借给对方。但是没有想到，对方借了钱之后，人就几乎消失了，弄得我妈妈心情一直很不好，还说以后再也不要借钱给别人了。"琪琪认真地说着，语气中还听得出来些许不满。

"我之前的那个学校，有一个同学也是这样，我本来跟他感情很要好，但是他常常会向我借一点小钱，说要买文具，或者是买零食。然后我每次请他还钱，他要么说以后再给我，要么就是口气不好地跟我说，这一点小钱，干嘛这么急着一直要。到最后我也超级不爽，我们的感情也就越来越淡。这也让我决定，以后再也不要随便借钱给别人。"上学期转来的芳玲，也分享了过去借钱给别人不好的经历。

旭凯听完大家的回答之后，一边微笑着一边告诉大家："这就是我们常常说的：'有借有还，再借不难'；向别人借钱，当然一定要还。因为如果你不还钱的话，下次你要再向别人借钱，别人肯定是不愿意了。因为这个'钱'是别人的，不是你的。而有借有还，也就是我们常听别人说的'信用'两字。如果你的信用很好，向别人借钱，又能准时还钱，那么别人才会愿意再借给你钱；如果信用不好，没有准时还钱，甚至根本不还，那么以后你想借钱，可能就难上加难了。"

何时该借钱？

"那老师再问大家，通常我们会借钱的主要原因，大致有哪些呢？"旭凯又问。

"可能就是要买吃吃喝喝的东西吧！"

"去逛街的时候买新衣服。"

"或买鞋子和包包。"

"像我爸爸就会向银行借钱买车子，也就是车子贷款。"

"像我们家买房子也是向银行借钱。"

"做生意没有钱的时候,也会向银行借钱,等到赚了钱之后,再把钱还给银行。"

旭凯听了大家的回答,很满意地点点头,然后继续问道:"像刚才我们讨论借钱的时候,可能都是借多少钱、还多少钱。譬如,你向同学借100元,第二天再还同学100元,同学等于是无条件借钱给你。但事实上,我们在社会上向别人借钱,常常是借了100元,等到要还钱的时候,你必须要还比100元还要多的钱,比如102元,而这多出的2元,就是要给别人的'回报',也是别人借钱给你的'好处'。通常多付的这2元,有一个专有名词,大家知道是什么吗?"

"利息!"所有同学几乎同时回答。

看来现在的孩子们,学习能力和理解范围都已经大大超越了他们父母那个时代的知识领域。这可能也要归功于网络资讯的唾手可得,让孩子们的学习效率和便捷性大幅提升。

"那么老师请问大家,如果今天,你借钱是为了去吃喝玩乐,又或者是为了买衣服、买鞋子、买包包,等到你需要还钱的时候,你要怎么样才能有足够的钱来还你借到的钱以及多出来的利息?"旭凯问。

同学们你看我、我看你,然后有人小声地说:"那只好自己拼命去赚钱，再拿工作赚来的钱去还款和支付利息了。"

借钱来赚钱

旭凯点头并说："这就是纯粹为了'借钱花钱'，而不能为你创造额外收入，你就必须花自己时间再去赚钱，才有能力还款。可是，如果你借钱是为了去做生意，打个比方，你长大后开一家糕点店工作室，需要买一些材料去做蛋糕，所以向别人借100元，然后答应还钱的时候，利息是2元，等于总共需要还102元。那么，如果你卖蛋糕的价钱是150元，扣掉你还给别人的102元，你赚了48元。

"换句话说，你向别人借钱赚钱，不仅可以还原来借的钱加上利息，而且还不需要再额外去工作。这个就是通过'借钱赚钱'，不仅可以帮自己增加财富，而且还不需要再额外花时间去赚钱来还钱的最重要差别。"

总之，如果纯粹是"借钱花钱"，不见得是件好事，尤其是不确定能不能还得起钱的时候，更不能乱借钱。但是如果能够"借钱赚钱"，反而会让我们的财富有更快增加的机会。当然，借钱最重要的就是"有借有还，再借不难"，因为借钱还钱才能累积自己的信用，这是我们立足于社会的关键。

利息是借钱的成本

❶ 不借钱赚不到钱

❷ 借钱：制作蛋糕
100元（买原料）+ 2元（利息）
=102元（总成本）

贩售蛋糕
150元（总收入）
150元 — 102元 = 48元（净赚）

思考时间

1. 如果别人向你借钱之后一直没有还你，你会用什么样的方式向他催款，让他能够及时归还？

2. 如果你向别人借钱，到了该还的时候却没有钱能够偿还，你会用什么样的方式去面对借给你钱的人？

3. 你或你的家人曾经向别人借钱吗？你们借钱是纯粹的"借钱花钱"，还是有计划的"借钱赚钱"？

19

■ 记录，知其然知其所以然

钱从哪里来？往哪里去？

▶学习重点

1. 知道钱怎么"来"，才知道怎么"赚得多"

2. 知道钱怎么"花"，才知道怎么"花得少"

3. "记录"才能真正"知道"怎么赚怎么花

4. "看得见"会让自己的目标进度更加清楚

旭凯一进入教室，大家的目光就被他抱在腋下的那只"透明"大猪公存钱罐给吸引了。很多人都窃窃私语，不知道老师要变什么花招。

"该不会要我们捐钱放到这只大猪公里面吧？"

"还是老师要推销这只存钱罐卖给我们？"同学们开始胡说八道嘻笑起来。

然后就听到旭凯问大家："大家想不想变成大富翁？"

"想！"所有同学高声回答。

"如果我来和你们玩一个游戏，只要尽快把这只透明大猪公存钱罐给装满，你们就会成为大富翁，你们会怎么做？而且这个游戏里面有三个规定：第一，一定要塞得满满的；第二，尽可能塞越多钱越好；第三，只能够放人民币。"

钱从哪里来？

"就赶快多赚一点钱放进去呀！"

"对啊，我就帮爸妈多做一些家务，他们就会多给我一些零用钱。"

"我也可以把我的旧衣服和旧书拿去卖，这样也可以多赚一点钱。"

"我还可以去捡饮料瓶和一些不要的铁罐、铝罐去卖，就像那些收废弃物的一样，学他们也可以赚钱。"

"如果只能放人民币，那么当然应该放最大面值的100元，这样塞满之后，金额才会最高。"

"要想尽快把存钱罐塞满，除了多赚一点钱之外，还要尽量少花钱。"

"我每天少吃一点零食，少喝点珍珠奶茶，就可以省下不少钱了。"

"如果把每个月视频平台和音乐平台的订阅都取消的话，一年好像也可以省下几百元。"

所有的同学，都在为这个幻想的"大富翁"游戏，提供自己的意见和通关的秘籍。

旭凯看到大家热烈地讨论，很满意地继续问道："大家都说要多赚一点钱，那有没有人能告诉老师，你们的钱主要从哪里来？"

"零用钱，还有红包。"

"主要就是零用钱，红包都被我妈拿走了。"

"除了零用钱之外，我还会帮我爸妈做家务，他们也会根据我做家务的时间，再给我额外的薪水，哈哈。"志豪自己说完，忍不住得意地哈哈大笑。

"我用我哥哥的名字开了一个账号，在网络平台上卖东西，一开始只是卖自己的旧衣服、旧手机、旧计算机，还有一些家里不要的书籍和二手物品；后来偶尔看到网站上面有些不错的东西，我也会用低价把它买下来，然后用比较高一点的价钱卖出去，这样也可以赚一些钱。"平常话不多的振豪说完之后，全班同学忍不住惊呼："天哪，振豪你也太厉害了吧？没想到你这么小就开始做生意了，下课之后教教我们吧！"搞得振豪也有点害羞地点点头，答应班上同学们的要求。

这时候老师顺势问道："振豪，那你有没有记录下来你每个月的收入差不多有多少呢？"

"有啊，像平常我的零用钱每个月大概就是1000元，其实平常吃的用的，大部分家里和学校的营养午餐都提供了，这个1000元的零用钱最主要就是买零食和买饮料用的。我每个月都会把妈妈给我的1000元先存下来500元，然后剩下的500元再来分配买零食和饮料。

"然后我在网上平台的收入，每个月网络购物平台都会给我提供非常详细的交易纪录，让我知道自己的收入和支出会有多少。当然，我也有一本自己的笔记本，记下自己所有买进和卖出的记录，然后每一个月都把它放在EXCEL表格里面，看看自己有没有赚得越来越多。"

振豪停了一下又继续分享他做电商的经验："我大概是一年

多以前开始在购物平台上面买东西和卖东西，从刚开始一个月有时候赚不到钱，或赚几十块钱，到现在会知道哪些东西可以赚钱，而且有一些老客户会持续地在我这儿买东西。所以，最近我平均每个月都可以有2000元到4000元的收入。

"其实，记录这件事情还是蛮重要的，因为通过记录，我可以知道哪些客户需要什么，哪些东西比较好卖，也可以让我知道我整个收入主要的来源是哪里。"

"哇！"

"我的天啊！"

"天啊！"

"太厉害了！"

全班同学听完之后，都忍不住惊呼。而旭凯也忍不住露出对自己学生的钦佩之情。

记录的好处

"听完振豪的分享之后，他说到了一个重点，那就是'记录'这件事情对他而言很重要，尤其是在收入方面。那么除了赚钱之外，刚才很多同学说，如果要把存钱罐给塞满，就要少花点钱，也就是说省钱也非常重要。那么'记录'，对于省钱而言有什么好处吗？"旭凯紧接着问大家。

"我觉得记录对于省钱更重要！因为只有通过记录，才知道自己钱花到哪里了。"

"对啊，像我妈妈自己会记账，也要求我们所有小孩都要记账；而且每个月都要把记账的结果给我妈妈看，让她知道我们把钱花到哪里了。"

"如果真正要省钱的话，知道把钱花到哪里了，也就知道怎

让存款变简单、节约有效率

就算500元花完了，
至少存下500元。

存

1000 → 500 → 500 → 500

$+$

500 → 300 → 200

消费

$=$

700

可通过记账知道钱花在哪里，
未来如何节省。

么样省钱才会更有效果。"大家你一言我一语地说着。

"我们家也一直都有记账的习惯，像我现在就用手机的App
来帮助我记账，而且现在这些记账的App还可以像玩游戏一样，
只要你记账记得越多，你就会有'累积通关'的机会，非常有
意思。这样不仅让记账变得好玩有趣，而且还可以帮助我知道
钱到底花到哪里了。"

"我大概每一个月的零用钱差不多有400元，过去每个月几
乎都花光光。我刚才看了一下我的记账App，差不多每个月有
200元是买衣服，100元看电影娱乐，100元买零食和饮料。刚才
听完振豪的分享之后，我以后拿到零用钱，也要先存下100元，
再把剩下的钱拿来花。而这个存下来的钱，就从买衣服的200元
里，先少花一点就好。"品萱很认真地分享了她记账的经验，她
似乎从振豪的身上受到了很好的启发。

旭凯听完大家的讨论之后，很欣慰地望着台下的同学们说：
"不管是赚来的收入也好，又或者是花掉的消费也罢，如果平常
我们没有记录，那就很可能赚多少花多少。但是如果平常就有
记录，你就可以知道，钱是怎么赚来的，钱又是怎么花掉的。
这个时候，如果你有特定的目标，就像想要把这只存钱罐给塞
满一样，你就可以通过你的'记录'，知道怎么样可以赚得越
多，而且可以省得越多。

"如此一来就可以更容易、更快速地达到我们的目标。所以，'记录'是一个非常重要的工具，可以随时让我们看看，怎么样才可以进行修正，以便快速实现目标。"

"那么，除了记录之外，老师今天特别带来的这只存钱罐，和今天老师要大家达到'大富翁'这个目标，有没有什么特别相关的目的呢？"在下课钟声响之前，旭凯又问了大家最后一个问题。

"应该是透明'看得见'，会激励我们赶快把这只大猪公给塞满、塞肥，然后达到目标之后，好好把它宰来吃吧！"调皮的小毛抢着回答。

然后就看到旭凯比了个大拇指，微笑着对小毛说："答对了！赞！"伴随着下课钟声和大家的欢笑声，一场有趣的财务之旅就此结束。

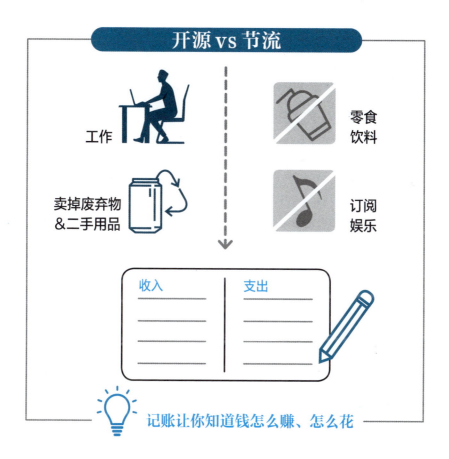

开源 vs 节流

工作

卖掉废弃物
&二手用品

零食
饮料

订阅
娱乐

收入　　　　支出

记账让你知道钱怎么赚、怎么花

思考时间

1. 回想自己过去三个月的收入和支出，能不能知道自己到底存了多少钱和花了多少钱？自己花钱的项目到底有哪些？有没有项目是可以省下来不花的？

2. 试着在网上搜索记账App，找一个自己觉得不错的，下载下来试用一下，三个月之后，重新回答上一个问题，看看是不是有不一样的感受和体会。

20

■ 行动，累积财富芝麻开门

为了钱，动起来！

▶学习重点

1. 东西学得再多如果"没有用"，那就是"没有用"

2. 计划再多再仔细，都不如"开始行动"来得重要

旭凯在上课之前，就缓缓地走进教室，在黑板上写下一个一个的主题：

"有需求才会买单。"

"选择要关注'看得见'和'看不见'。"

"买不起，就要找替代方案。"

"学习分辨'想要'和'需要'。"

"换钱换汇，了解国际消费差异。"

"节税可以累积财富。"

"比较价格不同地点和时间的差异。"

"存钱是为了未来。"

"赚钱更要攒钱。"

"富人买资产、穷人买负债。"

写完之后，旭凯转过身对着台下的同学们说道："大家学了这么多的东西，能不能告诉老师，你们已经开始在生活中用了老师上课教的哪些知识或做法？"

"我现在都会陪我妈妈去超市买蔬菜、水果和各种日常用品；然后在周末的时候，再陪我外婆去菜市场买菜和鸡蛋、肉类等等。接着，我会把菜市场和超市的价格做个比较，然后记下来，并且告诉我妈妈，这些在超市买的东西，如果到菜市场去买可以省多少钱。说实话，价钱差异还是蛮大的，有的时候价钱会差到将近一倍。就像那天，我到超市买了一块豆腐花了5元，结果我的外婆在传统市场，买了两块同样大小的豆腐才花5元。所以我觉得，'比较'不同地方的价格差异，真的可以帮我们省钱。"婷玉第一个积极地发言。

"家里的轿车已经很多年了，本来就要换台新的车，然后我就回去跟我爸爸妈妈分享'资产'的概念，说买车之后，只会让我们一直把钱花出去，车子不会帮我们赚钱，那么车子就会是一种负债。而且买车子相对于搭地铁和公交车而言，还有很多看不见的成本，譬如停车费、堵车的时间、各种不同的税，所以在'选择'买车还是搭乘大众运输工具上面，我们也考虑了有形和无形的因素。"

"当然，我还把老师之前上课举的例子告诉爸爸妈妈，原本我们要买的车子是40万元，如果暂时不买车子，而搭乘公共交通工具的话，那这个40万元，说不定可以拿来做'投资'、创造更大的价值。经过一段时间之后，我们就可以累积更多的财富、买更多的东西，这就是'使用'资产，不一定要'拥有'资产的概念。"少安一口气说完之后，全班的同学都投来崇拜羡慕的眼神，内心旁白就是："学霸不愧是学霸！"

"上个礼拜，我就已经买了10个透明的存钱罐了！现在不管谁给我零用钱，我都先把它塞进我的存钱罐里面。就算是家里面捡到的零钱，我也把它都塞进去！我的目标就是在毕业之前，把这10只存钱罐给塞满。所以，现在只要是需要花钱的时候，我就尽量忍住，要不然就跟我爸妈一起出去的时候才花，这样就会由他们来付钱，我就可以尽快把我的10只存钱罐给塞满。"一听到这种无厘头搞笑的分享，就知道是玮霖！他一边说，还一边搭配夸张的肢体动作，早就把全班同学逗乐了，简直就像在看一场脱口秀。

这样一个用10只存钱罐存钱的"目标设定"法，在全班同学的脑海里留下了深刻印象。

生活的事情都想一想

听到这么多同学把课堂上讲授的知识和工具都运用到了生活之中，旭凯很满意。接着他又问："在运用上课学到的知识的过程当中，和你们原来想的结果是一样的吗？有没有碰到任何的困难？而你们又是如何解决的？"

"我对老师曾经讲过的税收很有兴趣。我才知道，通常赚得越多的人，缴的税就会越多，后来我也曾去问旭凯老师，才知道他是用简化过的例子跟我们分享，实际上在计算要缴多少税的时候，还有很多不同的计算公式，这也就是我们必须一点一滴去更深入学习的。"佩贞认真地说，"不过特别要跟大家分享的是，有关'税'的知识真的是蛮复杂的，除了自己可以学习之外，我爸爸也会花钱请会计师来协助他。"

旭凯听完佩贞的分享，忍不住鼓掌表达嘉许之意，而全班同学也一起用掌声表达自己的鼓励和敬佩之情。

让自己富有的行动

"听完老师上课讲有关'存钱的方法'之后，我刚开始和玮霖一样，几乎把所有的零用钱，或者做家务额外赚到的钱，全部都直接拿去存进银行，希望能够快点累积我的财富。因为我最想要的，是能够存钱去买一辆我想要的公路车，目标就是用我自己的车，去参加年底的一场自行车登山比赛。"

"但是后来我发现，把钱全部存进去实在是太痛苦，太不符合实际生活了，因为我还是会想要买零食、买饮料，或是和同学去看电影。所以后来我决定，只要存一半的钱就好了。为了让存钱速度能够更快，我就和我爸妈商量，多做一点家务、多赚一些外快，这样我既可以赶快买到我的车，也不会因为没有钱花而变得非常痛苦。"

"其实私底下我也和老师讨论过，老师也告诉我，太过吝啬、变成守财奴，让自己不快乐的存钱，就失去了存钱让自己生活变好变幸福的意义了。"听完子齐的分享，没等旭凯称赞，全班就响起如雷的掌声。

　　就这样，一堂课在大家的热烈分享当中，很快就来到了尾声，旭凯既惊讶又感动，大家把"学以致用"这四个字发挥到了极致。

　　在下课钟声响之前，他满面笑容地对着大家说："很高兴大家没有把学到的知识只停留在课堂上，而是真正运用到生活里。其实学到的东西如果'没有用'在生活中，那就真的是'没有用'。

　　"要让自己生活得越来越好，越来越有钱，真正致富，就要把知道的、学到的，立刻'运用'起来。就算运用的过程中遇到很多困难或意料之外的障碍，但是只有行动了、真正去做了，你才会真正遇到、知道，也才能够——克服和化解，最终达到我们的目标，不论是致富或者是幸福。"

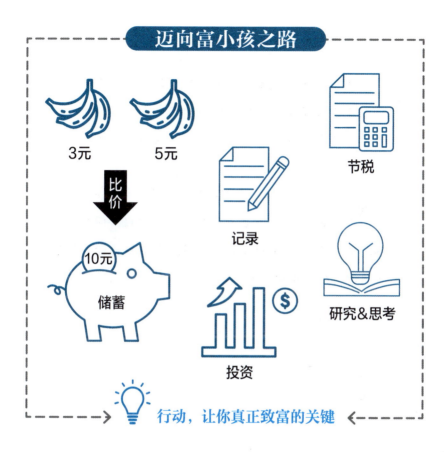

思考时间

1. 回头看看并想想过去曾经学过的课程，选择其中一个适合应用在你现在生活中的知识或者工具，把它写在一张白纸上，看看自己打算怎么开始运用，然后今天就立刻开始行动。

2. 在手机上选择一个可以记录每天日记的App，或者买一个笔记本，开始记录每天执行的过程、问题，还有解决的方式和实际的结果。每周或每个月找你的好朋友和同学，把它说出来和对方分享。

21

■ 职业，与时俱进动态调整

你以后想做什么工作？

▶学习重点

1. 职业会随着时代"变化"而会有不同的演化

2. "与时俱进"，才能跟上职业演化

3. 持续尝试、不断学习，让喜欢的职业匹配能力

旭凯一进入教室，就在黑板上写下了大大的两个字——"职业"，又在旁边画上了一个很大的符号"$"，接着问大家："不管是创业也好，又或者是帮别人工作，赚钱谋生肯定是进入社会之后必经的过程。那么老师想请问大家，未来你们想要投入什么样的行业？"

以后想当_____？

"我想要当医生。"

"我想要当老师。"

"我想当卖东西的业务人员。"

"我想要自己创业赚大钱，只是要做什么，现在还没有想到。"

"我想要做电竞选手。"

"我非常喜欢制作模型，我想要做一个卖模型和告诉人家怎么制作模型的主播。"

"我最爱吃东西，所以我要做一个超级厉害有名的吃播主播。"尚义只要一开口，就喜欢语不惊人死不休地把大家给逗乐。

"我也想要当医生，当医美医生。"

"我很喜欢旅行，到世界各地游玩，所以我想一边玩，一边把我的经历和看到的事物记下来，然后当一个旅游作家，或者是主播。"

"我想当一个直播主播,又可以聊天又可以赚钱。"

"我想先到大公司去上班,学一些东西。"

听完大家的热烈分享之后,旭凯充分感受到现在的孩子们,这么小就可以知道自己喜欢什么,是一件非常幸福的事情。

相对于他们的父母,或是爷爷奶奶、外公外婆,小时候在写"我的志愿"这类作文题目时,大家的志愿几乎都集中在医生、老师、工程师上。显而易见,现在的孩子在选择上是更丰富更多样化了。或许这是因为孩子们可以更早地接触各种不同媒体或社群渠道,"知道"有哪些不同的职业角色可以作为他们未来模仿或效法的对象。

工作正在消失?

接着旭凯又抛出了第二个问题:"同学们知不知道,有哪些工作已经慢慢消失了?你们想做的工作,有没有哪些在过去10年或20年前还没有出现?而你们又怎么能够确定,想做的工作在未来10年或20年之后,还会继续存在?请针对过去消失的工作,以及过去不存在的工作有哪些,还有未来你们的工作是否还会继续存在,分享一下你们的看法。"

"我爸爸妈妈说,他们很久以前经过高速公路的时候,过路费都是有人在高速公路上收取的,但是现在都是由ETC电子摄像机，感应车子过去之后，就会自动扣款。说实话，要不是爸爸妈妈告诉我说，我们走高速公路经过ETC会被扣钱，我都不知道经过高速公路还需要付钱。很难想象，以前高速公路上还有收票人员，开车经过的时候，车子还要排成一列，把票拿给他们，才能够通过，现在这些高速公路的收票人员的工作，一部分被ETC给取代了。"

"对，其实很多停车场的收费员，现在也都慢慢被电子收费给取代了。"

"是啊！现在好多停车场，车子进场的时候，都不用拿票去记录入场的时间。只要车子开进去，摄像机就会扫描车号，然后等出场的时候直接去缴费机缴费，或者刷卡就可以离开了。好像根本不需要有收费员。"

不管是在高速公路上或者在停车场，收费员逐渐被电子设备取代。因为这一情况就发生在日常生活中，所以很直接地给同学们留下了深刻的印象……

"虽然我想要当医生，但是我爸爸的很多医生朋友在聊天的时候，都说未来医生这个职业有可能会消失，或者形态会变得很不一样。因为就像科幻电影演的，以后只要机器扫描一下人体，就知道他生了什么病，不管说是该吃什么药，就可以直接开处方给他，然后到药房拿药；又或者是需要开刀，就安排智慧机器人手术，说不定机器比人还要更准确、风险更低、更安全。不过我还是很想要当医生，所以未来怎么样我不确定，我还是会先好好读书，考上大学医学院再说。"祺纬家里有很多亲朋好友是医生，所以常常就会针对医生的未来彼此交流。

听完祺纬的分享之后，旭凯举起大拇指对祺纬比了一个赞，表示赞同他的想法和观念。

"其实老师这个工作和职业应该也是一样，我发觉我们小朋友除了到学校上课之外，现在很多东西其实都是从网络上学来的，不管是微博、知乎还是抖音等。未来如果更多的东西，都可以通过网络来学习，譬如戴上VR/AR的眼镜，让虚拟世界的人物来教我们，那么老师的角色就很有可能被取代了。"想当老师的琪琪补充了她的看法。

"像视频主播这样的工作，以前是不存在的，这些社交平台本来只是让大家把生活中的视频记录放上去分享的，没想到因为放的东西越来越多样化、越来越好玩、越来越吸引人，所以本来只是放给自己看的，结果越来越多人看的时候，视频里面的内容就变得像电视节目，连视频里的人物也像是电视节目的明星了。"

"对啊，就像以前电视节目如果很多人喜欢看，我爸爸妈妈说他们的那个年代就叫作'收视率'；如果看节目的人越多，也就是收视率越高，那么就会有很多厂商在那个节目上投放广告，这样电视台就会赚钱。而视频主播也像以前电视台一样，如果很红就会有人投放广告给他们。除了会赚到广告费以外，现在这些视频主播甚至会开设会员频道，观众要固定缴一些费用，才可以看到一些特别的视频片段。这个其实也很像我们家订的有线电视，里面有一些特殊付费频道，就要额外收费，而这个也就是视频平台除了广告收入以外还有额外的会员收入。"佐藤和少安分别分享了他们对视频主播这个职业的看法。

职业与工作，都是需求

听完大家各种不同角度的分享，旭凯不急着给意见，直到大家讨论告一段落之后，才缓缓地打开话匣子："因为科技的进步，很多职业形态会逐渐不一样，或是呈现出我们认为的'消失'状态。就像高速公路、停车场收费员被机器所取代；医生和老师也会在某种程度上被网络或者人工智能替代。甚至未来如果5G、6G更普遍，网络更快速的时代来临，无人驾驶越来越安全，那么大家看到的出租车里面可能都没有司机。

"视频主播也不过是最近才越来越红火的职业，还有就像播客也是一样，但是与以前的职业相比，其实本质上也很类似老师和你们爸爸妈妈那个年代的电视，还有收音机的广播。只是广播电台变得超级多，就变成播客。但本质上，就是传递影像和声音的内容，给需要的听众和观众。”

旭凯继续说：“说到这里，大家大概可以感受到，其实所有的职业和工作，都是因为我们有'需求'才会存在。如果满足我们的需要，有更好的方式，旧形态的工作自然而然就会被取代，就像停车场收费员被摄像头和自动缴费取代一样。总而言之，我们对于'需求'，会通过科技的持续不断进步，而呈现各种不同的形态。”

看着同学们专注的神情，旭凯又补充说：“既然职业会持续不断地变动，持续不断地演化，我们就不要执着于职业本身，而要随时抬头看看，未来的趋势是什么？你想要做的事情是满足什么'需求'？解决什么问题？你提供的服务，是不是会被别人所取代？或是被其他的工具、机器或人工智能所取代？换句话说，我们要有'与时俱进'的能力，才能够配得上一直不断变化或演化的职业。

“既然能力要'与时俱进'，那么就像琪琪刚才说的，现在可以学习的方式和途径已经非常方便和多元。只要大家怀有好奇心，持续尝试、不断学习，找到自己喜欢又能够赚钱的工作，而且还跟得上时代，就不是一件难事了。”

说完话的旭凯喝了一口茶，此时下课钟声也响了起来……

思考时间

1. 试着想想自己未来想要的工作或职业形态，并且和朋友、同学或者家人一起讨论，在未来10年或20年之后，这种职业是否还会继续存在，又或者可能会有什么样的改变？

2. 运用自己的想象力，试着思考一下，未来可能会有哪些现在不存在的职业或行业？（譬如"新鲜空气供应商""星际火箭司机""虚拟空间旅行社""意识移植银行"等。）

22

■ 学习，持续不断日积月累

找到适合自己的
学习方式

▶学习重点

1. 学习最主要的目的是满足自己对好奇心的探索

2. 好奇心探索会持续提升自己的知识和能力

3. 只要找到适合自己的方式，学习就会事半功倍

4. 财富和幸福都是学习之后不断累积的结果

下过几天的雨之后，阳光终于出来露了笑脸，感觉同学们踏入教室的脚步也都变得轻盈了起来。旭凯放下一堆作业本以及测验的考卷在讲桌上后，慢慢地走近黑板，用粉笔写下了"学习"两个字。然后他转过身说："大家一起来分享一下，'学习'的目的是什么？"

"学习的目的是为了未来能够找个好工作，赚大钱，让自己能够有好的生活。"

"学习就是为了能够吸收更多的知识，让自己变得更聪明。"

"书中自有黄金屋，书中自有颜如玉。所以，学习就是为了将来能够发大财，娶个漂亮的妻子。"家荣一说完，还摆出一副帅哥的模样，逗得全班都笑了。

"我觉得学习就是让自己开心的，每次学到新的事物，我就觉得好有趣、好兴奋，所以不管是看书、看录音和录像、看电影，或者是看漫画、看动漫，对我来说都是学习。"佳雯淡淡地分享了她心目中的学习到底是什么。

"哎呦，读书学习对我来说，就是一件痛苦的事情，尤其是还要考试。所以只要能够考试过关，我就阿弥陀佛、快乐似神仙了。"

一听这话，就知道是尚义，说完之后全班又是笑声又是嘘声的。

　　大家的分享告一段落之后，旭凯接着说："你们可能一听到学习，就会联想到'教科书'和'考试'。但事实上，我们从出生那一刻开始，就无时无刻不在学习了。不管是听到的、看到的、闻到的、摸到的，甚至是感受到的，例如温度冷热，还有微风轻拂，都是各式各样的学习，甚至包含喝水、喝奶和吃饭，也是学习。

　　"总而言之，学习就是我们对这个世界上一切'未知的探索'，不管是主动的探索，或者是被动的探索，都是一种学习。譬如天气冷热，你就知道要穿衣还是脱衣，这就是你曾接触过不同的环境，曾经'自然感受过'而开始的'被动学习'。但是如果你对一个东西特别有兴趣，譬如，你非常喜欢美食，所以你会主动去找各种不同的餐厅和食物，那么这个时候，你就是在主动地探索、进行'主动学习'了。"

　　听完老师的分享之后，几乎所有同学都心领神会地频频点头。

学习就是读书吗？

　　"老师再请问大家，佳雯刚才其实已经说了几种除了'读书'以外的学习方式，那么大家再分享一下，你自己比较喜欢的学习方式有哪些？"旭凯又抛出一个新的问题。

　　"我比较喜欢看书。"

"我也喜欢看书，不过我比较喜欢看图画多一点的书，尤其是漫画书。"

"从小我们家都会一起去借书、看书，也会一起买书，我自己也喜欢把一本书一页一页翻过去，然后感受书慢慢被我读完的感觉。"琪琪、佐藤、祺纬三个人，都喜欢把读书当作学习的主要工具。

"我喜欢到处旅行到处玩，看很多不同的东西，也是一种学习。"品萱的父母每年都会带她出去旅游。

"对啊，其实到各个不同的地方旅行，也会学到很多不同的文化，还有不同的风土人情。甚至吃不同的东西、喝不同的饮料，还有看看各种不同的纪念品，就像古人说的：'读万卷书，行万里路'，所以我觉得旅行也是一种非常好的学习方式。"俊彦补充道。

"我订阅了很多视频平台频道，里面有各种好玩的东西，还有有趣的知识分享，有些是奇闻轶事，还有的是科学普及教育，也就是科普的分享。甚至还有一些是听书的频道，如果我没有时间看书的话，我就会和我爸爸妈妈一起听书。这样一本书，有的时候20分钟到30分钟，就可以听别人介绍完毕了。"佐藤娓娓道来他用视频平台学习的过程。

"我也是用这些平台学习的！不过我都是看吃播，还有电影和动漫的介绍，就是那种一部电影用十几分钟说给你听的剧情介绍。还有那种吃东西加上麦克风的吃播主播，一边吃东西还可以一边赚钱，实在是够爽的啦！"尚义又夸夸其谈，惹得大家狂笑。

"我爸爸会订一些音频或者播客，有时候我们家吃完饭，大家就会一起坐在客厅听这些知识性的节目。尤其我爸爸说，我们现在眼睛用的地方太多了，可以用耳朵听的，就让眼睛休息一下，也比较健康。"

"我自己会看微博、抖音上面分享的影片，有些东西很有趣，也会不知不觉地增加我的知识，也算是一种学习吧？"佳宜带着有点感冒的鼻音，跟大家分享她学习的方式。

"其实我很多知识是打游戏的时候学到的，不管是不是历史性的游戏，例如三国，又或者是益智型的游戏等等。甚至是我玩在线的游戏或者手机游戏时，也都可以学到一些日文或者韩文。"阿烈缓缓地说出自己的学习经验。

学着怎么致富

旭凯接着说："有人喜欢视觉型的学习，有人喜欢听觉型的学习，有人喜欢操作型的学习，不论什么学习，只要找到自己适合舒服的学习方式，就是有效率的学习。"旭凯问："那大家觉得，学习和未来赚钱致富，有没有密切的关系呢？"

"当然有啊！像我们现在认真念书、认真学习，就是未来希望能够读很好的高中、很好的大学，这样才能够有好的学历，进到好的公司去。

"学习就可以创造出很多好东西，或是制造出很多好商品，让我们生活能够过得更好，能够更幸福，这样他也可以因为创造出的东西或是商品赚到很多钱。很多的企业家都是如此，譬如发明网络的人，或是百度、微博、智能手机，还有外卖平台软件等，都是人们学习之后研究出来的成果。"少安自信满满地回答。

"对啊，像我们日常生活中各种不同的衣食住行、各种所需，还包含需要去医院看病的各种药物和医疗器材，都是通过学习，一点一点进步的。而像这些医生，都是非常厉害、很会学习的学霸，所以他们才可以帮我们看病，也才可以赚钱。"祺纬进一步补充。

"像我爸爸除了自己的工作之外，也会在下班之后研究股票。他说股神巴菲特是他的偶像，巴菲特已经90多岁了，每天都还要持续不断地学习，就是因为世界一直在变，所有的知识也一直不断地增加。所以我爸爸说他要跟巴菲特一样，做一个能够靠投资赚大钱的人，他要非常认真地学习，这样才能够了解他投资的股票，也就是他投资的公司，是不是真的会赚钱。"说话的晴芬，她的爸爸是一个很厉害的财务分析师。听完她的分享之后，才知道所有厉害的人，其实背后都有着不为人知、认真努力的过程。

"其实我看很多主播非常会赚钱，但是他们都必须要一直不断地学习，有些主播每个礼拜都会把一些原来我们觉得很难或是搞不清楚的知识，用很白话的方式让我们知道、让我们听得懂，因此很多人就愿意订阅他们的频道，付钱给他们，听他们学习之后分享知识的结果。我觉得这个是学习可以赚钱最直接的例子。"少安又举了一个例子。

"其实当一个主播本身需要学习的东西就很多，我看过一些主播介绍，他们除了必须学习在频道上面分享的知识之外，还要知道怎么摄影、怎么取景，而且视频录制完成之后，还要负责剪辑、配字幕等等，一堆的工作。所以这些主播们，其实学习的东西真的是太多了，能够真正赚钱，可以说都是认真学习的结果。"祺纬又跟着补充了一下。

说着说着，下课的钟声也跟着响了起来。

旭凯笑着对所有的同学说："看来大家都知道学习的目的以及各种学习方式，最重要的是你们都充分理解了学习可以让我们幸福，还可以帮助我们带来财富。那么，大家以后可要一起更努力地学习啰！"

　　"哇……哈哈……老师好用心良苦哟！"所有的同学突然恍然大悟地惊呼，好像大家都掉入了一个坑，一个被老师敦促"学习"的坑。

思考时间

1. 你平常是通过哪些方式来学习的？而在这些方式当中，有没有一些方式是让自己学习起来最不吃力、最开心，也最有效果的？

2. 如果让你选择未来赚钱的方式，大概什么样的模式是自己比较喜欢的？（上班、创业、投资等）而在你选择之后，你认为有哪些专业或领域是需要持续不断学习的？

23

■ 愿意，打开生命无限可能

财富会随着
开心和幸福而来

▶ 学习重点

1. 唯有心中有坚定的意愿，才能够看到世界更多样貌

2. 看到世界更多的样貌，才知道自己适合走哪条路

3. 选择适合自己的道路，才容易让财富、幸福一起来

转眼间，一学期的课程就来到了尾声。同学们都非常习惯和喜欢旭凯这种"问答启发式"的教学方法，甚至有很多家长听到孩子回家之后的分享，都还询问学校，是不是可以让家长在教室后面旁听，或者录播下来，让家长们也能够在线学习。这个结果给了旭凯非常大的鼓励，也支持了他继续这样教下去的想法。

今天是这学期最后一堂课了，旭凯决定用联欢会的方式，让大家一起来分享，所以把教室里面的课桌椅排成了"口"字型，还准备了一堆的饮料、零食让大家享用。最重要的是，还鼓励大家发言的时候，可以站在教室中间，面对所有同学，学习克服上台的恐惧，以及对大众演讲的技巧。等到今天课程上完之后，还要所有同学评选出讲得最好的那一位，旭凯已经准备好礼物作为奖品了。

或许，这也就是为什么旭凯的课程总是会这么受到学生们的喜爱。因为他的教学方式，从来不会局限在传统书本的讲述方式，或是死记硬背，反而是一直激发同学们的思考，鼓励他们在日常生活中学会观察。最主要的是整个教学过程非常好玩有趣，学生们在开心、快乐的气氛之下，让学习成为一种期待，而不是负担。

就在课程正要开始的时候，欢乐气氛萦绕着整间教室，所有同学都已经轻松喝着汽水饮料、吃着零食饼干。没想到，旭凯从他进教室就扛着的一个神秘大包包里面，拿出了让大家眼前一亮的东西：榴莲！他"砰"地一下把榴莲放在讲台上面！光这个动作和看到榴莲这个神秘嘉宾，就把所有同学给逗乐了。

接着就听到旭凯问大家："有没有原来讨厌榴莲，但是吃了之后，却觉得它超级美味的同学？"

一颗榴莲的启示

"有啊，我原来不喜欢吃榴莲，但现在超级喜欢的。"

"我现在还是不喜欢吃榴莲。"

"榴莲超级好吃的啊，只是味道不好闻而已。"

"其实味道闻久了也还好，喜欢吃之后就觉得连味道都变得很香了。"

"如果觉得味道闻起来不舒服，其实放在冷冻层里面，它吃起来就像冰激凌一样，这样会让味道变淡一些。"大家争先恐后地分享自己对榴莲的感觉。

其中尤其以琪琪的分享最为生动，她说："我本来是不喜欢榴莲的，因为每次和我妈妈去买水果，只要靠近榴莲的时候，那个味道我实在受不了。我还问我妈妈，这么难闻的水果，怎么会卖得这么贵？妈妈就说，其实榴莲真的很好吃，还叫我试着吃吃看，但我就是打死不愿意。"

琪琪皱着的眉头渐渐舒缓，继续说："直到有一次，水果摊的老板娘特别从冷冻层里拿出一颗剥好的榴莲请我和妈妈吃。她说试着吃一口看看，味道没有那么难闻。后来我闻了一下，味道真的不重，再加上我妈妈一直说，这个东西很贵，免费你还不吃吃看吗？所以我就咬了一小口，没想到不吃还好，一吃之后就喜欢上了。心里想说，怎么会有这么美味的东西？从此之后我就爱上了榴莲。不仅冷冻的爱吃，常温的也爱吃，甚至开始爱吃之后，连榴莲的味道也都喜欢上了，这真的是一个非常奇特的体验。"

琪琪说完之后，看到台下很多同学也都跟着频频点头。看来榴莲真的是让大家都有着非常多难忘体验的一种水果。

后来大家七嘴八舌的，除了榴莲之外，也举了非常多类似的食物，例如"臭豆腐""皮蛋"等。当然还包括一些同学们去别的地方尝试过的不同餐饮，也是一开始会有先入为主的成见，觉得某些食物不好吃或者不想吃，但是一旦"愿意"去试试之后，很多结果竟然是出乎自己的意料，会打破自己原来的看法，甚至改变很多自以为是的习惯。

打破固有的想法

"那除了水果和食物之外，大家在交朋友的过程当中，有没有一些人让你一开始的时候觉得不是很喜欢，结果慢慢地、渐渐地和他交往之后，你就变得喜欢他了？"旭凯继续问。

"有啊，我去年刚转学过来，一开始看到少安的时候，就觉得有点怕怕的。因为他看起来好严肃，都不太会笑，感觉有点凶。后来跟他慢慢越来越熟之后，才知道他每天都看好多书，自己也会在网上学好多东西，常常在动脑筋想事情，因此才会看起来很严肃。在和他成为朋友之后，他就像是我生活上的小老师，什么事情都愿意和我说，愿意教我、和我分享，我也从他身上学到很多东西，真的很感谢他。"芳玲一字一句很认真地说着。

"其他班有些同学跟我说，他们刚认识尚义的时候，都觉得他看起来调皮捣蛋，一定不是什么好学生，后来大家才知道，原来尚义的功课这么好，而且非常喜欢帮助人，懂的东西又非常多。最重要的是，有他在的时候，气氛就会变得非常快乐、非常轻松，很多人都说他就是又厉害又用功，而且又非常幽默的开心果。"没想到祺纬竟然把尚义拿出来，当作一个案例分享给大家。

一听完之后，尚义又忍不住了，直接就说："你们看吧！咱们班多幸运，有一个这么可爱的我，以后你们可要对我好一点，多多珍惜我。有空没事的时候，多请我吃一些东西，我就会好好对待你们的。"说完之后，还对全班摆了一个宇宙无敌丑的鬼脸，搞得班上同学笑得前仰后合。

后来有好多的同学，也都分享了他们对自己的朋友、同学、亲戚，甚至是网络、电视、电影上的明星、歌星或者偶像，从观感不好，到观感好的过程。当然，也有从观感很好，到观感不好的过程。

旭凯接着说："这就和'瞎子摸象'的故事是很类似的，如果你是一个瞎子，摸到大象身体的任何一个部位，你都没有办法很全面地描述大象到底长什么样子。而交朋友也是一样，如果只认识他的一部分，就判定他是一个什么样的人，我们就会过于主观，而失去了真正认识一个朋友的机会。"

学会打开自己的心

旭凯继续问："那么，除了交朋友之外，你们有没有尝试过一些事情，是原来一开始觉得不喜欢，可是后来做着做着，就越来越喜欢的呢？"

"我记得是我一开始学二胡的时候，除了拉琴的声音够难听之外，手指也常常很痛，而且我也不喜欢妈妈一直逼我练琴。可是后来随着我越拉越好，我不仅可以演奏自己喜欢的曲子，而且自己都觉得自己拉的琴声非常优美，所以就越来越喜欢了。"珊珊一字一句地说着。

"我妈妈以前非常喜欢跑步，每年都会参加马拉松比赛。不过一开始要带我跑步的时候，我非常不喜欢，因为没跑多久我就觉得好累。可是就是这样每天持续不断跑、持续不断练习之后，我跑得越来越远，体力也越来越好。后来参加几次比赛还得奖之后，我就越来越喜欢跑步了。现在几乎是每天跑，不跑反而会觉得难过。"志豪是班上的飞毛腿，也是长跑的健将。

"本来我对古文学习是非常抗拒的，后来有一次去参加一个古典诗词的营队，营队老师会把古典诗词变成歌曲，让我们跟着唱歌、跳舞。整个编曲、编舞的过程非常有趣，所以后来我只要看到任何的古诗词，脑袋就会开始浮现音乐旋律和舞蹈动作，我觉得这个已经不只是喜欢，而且有点入迷了。"琪琪的发言，让全班同学又流露出羡慕崇拜的眼神。

课程快接近尾声的时候，旭凯很开心地对大家说："很多事情千万不要在还没有接触的时候，或还没有熟悉深入的时候，就说'我觉得'或'我认为'。因为如果你没有很深入地接触和学习，那么你的'觉得'和'认为'很可能就是'主观'的判断。只要愿意打开自己的心，去接触和尝试你不是很熟悉的事物，就可以避免狭隘的想法以及错误的判断。所以，'愿意'是很重要的两个字。等到你愿意了、实际去接触了，再来做评论和判断也不迟。"

旭凯继续补充说："同样的，不管是我们未来的工作、创业，甚至是兴趣、运动，还有接触的各种不同人事物，都可能为我们带来不同的人生道路，以及财富累积的机会。如果我们只是因为主观成见的不想要、不接触，以及不愿意，那么就算财富的大门再怎么向你敞开，你也没有办法走进去。

"总而言之，在这学期的最后一堂课里，老师送给大家的就是'愿意'这两个字。希望同学们未来碰到任何的人事物，都能够保持着高度的好奇心，以及愿意接触探索的心态，持续不断地学习，持续不断地精进。相信我们会有机会找到喜欢而又有热情投入的事业和交往的好友。日子也会过得开心，生活也会变得幸福，而财富也会跟着开心和幸福一起到来。最后，希望大家下学期还'愿意'和老师一起共同学习。"

旭凯说完之后，教室里充满着大家热烈的掌声。伴随着清脆的下课钟声，这学期幸福的财务思维课程完美结束。

思考时间

1. 回想过去，有没有哪些特别的食物或者朋友，是你一开始不喜欢，但后来变喜欢的例子？思考一下，原来不喜欢的原因是什么？后来慢慢喜欢的主要关键因素又是什么？

2. 有些兴趣、事情或工作，在一开始做的时候会很不喜欢，后来做着做着就喜欢了，你觉得这其中可能是有什么样的原因，造成了这样重大的改变？是否可以以自己为例，来分享类似的经验？